教育部重点课题
“小学教师结构化教学能力的生成机制与培育策略研究”（批准号：DHA230386）
阶段性研究成果

小学数学结构化学习教学指导丛书

丛书顾问　刘大伟　丛书主编　吴玉国

用字母表示数

吴存明　姜梦莹　著

南京出版传媒集团
南京出版社

图书在版编目（CIP）数据

用字母表示数 / 吴存明，姜梦莹著. -- 南京：南京出版社，2023.12

（生活·实践教育文库）

ISBN 978-7-5533-4649-6

Ⅰ.①用… Ⅱ.①吴… ②姜… Ⅲ.①小学数学课－教学参考资料 Ⅳ.①G623.503

中国国家版本馆CIP数据核字（2024）第030298号

丛 书 名： 生活·实践教育文库
丛书顾问： 刘大伟
丛书主编： 吴玉国
书　　名： 用字母表示数
作　　者： 吴存明　姜梦莹
出版发行： 南京出版传媒集团
南　京　出　版　社

社址：南京市太平门街53号　邮编：210016
网址：http://www.njcbs.cn　电子信箱：njcbs1988@163.com
联系电话：025-83283893、83283864（营销）　025-83112257（编务）

出 版 人： 项晓宁
出 品 人： 卢海鸣
责任编辑： 刘　娟
装帧设计： 张　淼
责任印制： 杨福彬

排　　版： 南京新华丰制版有限公司
印　　刷： 江苏凤凰通达印刷有限公司
开　　本： 787毫米×1092毫米　1/16
印　　张： 10.5
字　　数： 140千
版　　次： 2023年12月第1版
印　　次： 2023年12月第1次印刷
书　　号： ISBN 978-7-5533-4649-6
定　　价： 60.00元

用微信或京东APP扫码购书

用淘宝APP扫码购书

目　录

前言

基于“五学”的结构化学习教学指导

从2000年左右开始，我就开始关注到教学中学习方式的问题，并开始了研究。随着研究的深入，我逐渐将研究集中到“小学数学结构化学习”这一主题上来，同时传承五老村小学建校七十年来朴实的主流文化，秉持扎实的日常做事风格，立足新时代“小能手”的培养，积极探索结构化学习、教学与教育的管理实践，将学校教育发展成为一起相互学习、相互促进、协同进步、融合互通、共享共生的成长共同体，提升“结构化教学，整体性育人”的品质，带动学校每一位教师在生活中学会工作，在教育工作中融通生活，在教育实践中创生价值，实事求是，身体力行，知行合一。我们在课堂上开展动手操作、体验体悟、记忆认知等育人实践的科学探索，努力做出“陶行知教育”新时代学校教育的模范，即做出大国工匠与拔尖人才教育培养的奠基典范探索。“生活·实践”是大教育学原理，结构化是科学探索的科学依据。2014年，在获评江苏省人民教育家培养工程第三批培养对象后，在杨九俊等导师的指导下，我明确了研究主题——小学数学结构化学习的实践研究，该研究获批“江苏省基础教育前瞻性教学改革实验项目”“江苏省教育科学规划重点资助课题”与“江苏省基础教育内涵建设项目”。2022—2023年期间，随着省基础教育前瞻性教学改革实验项目和江苏省教育科学规划重点资助课题顺利结题，我又进一步思考，要将这项研究继续深入发展下去，让更多的师生从结构化学习实践中受益。

2022年4月，新的《义务教育数学课程标准》颁布实施，以下简称《课程标准（2022年版）》，明确提出了“课程编制要基于核心素养培养要求，加强课程内容内在联系，突出课程内容结构化”。我近二十年来的教育主张与此不谋而合，这更加坚定了我要将结构化教学实践继续进行到底的决心。2023年8月，在前期成果的基础上，我申报并顺利获批教育部重点课题“小学教师结构化教学能力的生成机制与培养策略研究”。在新课程标准的引领之下，以课题为依托，我又将开启一段新的研究旅程。

在研究的过程中，我关注“生活—学习—实践”，挖掘前期的结构化学习教学实践的合理之处和不足之处，不断完善结构化“五学”的理论和实践框架，力求让结构化“五学”真正成为教师教和学生学的科学指导手册。小学数学结构化学习（如图1所示），遵循数学学科的整体系统性、结构关联性的本质特征，通过教师开展学理分析、学情调查、学材开发、学程设计和学评监控，聚焦知识经验的结构内容、思维方式的结构过程、思想方法的结构目标，引领学生经历完整、深刻而又有意义的学习过程，帮助学生走向整体关联的深度意义建构，促进个体思维结构的发展。具体来说，首先，教师要从学生的角度、生活的角度去理解数学，还要了解相关的数学史，弄懂知识的来龙去脉，清晰同一数学知识的不同表现形态。其次，教师还要对学生的学习情况进行调查和研究，从教材编者的角度分析教材的内在认知逻辑，在二者融合的基础上创设真实有趣的问题情境、设计版块化的教学环节、开发学习需要的材料。再次，师生共同利用学习材料进行实践，帮助学生理解材料背后所承载知识的基本结构、本质规律、价值意义、思想方法、情感态度等，生动地理解知识，形成结构。最后，合理进行迁移运用，引领学生由学科世界走向广阔的生活世界，解决现实世界中存在的真实问题，不断建立起与外部世界的丰富联系，促进他们必备品格的发展与关键能力的提升。通过结构化学习方式，将课堂学习向生活打开，让学生边学习边实践，激发实践智慧，改善思维方式，提升思维品质，促进个体的完整成长。

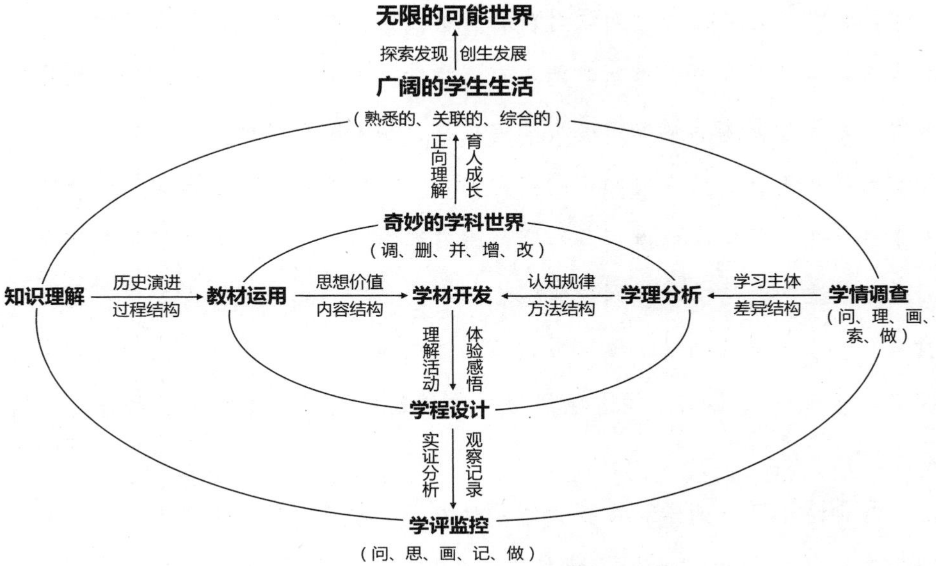

图1　结构化学习的“五学”融通理解

每一个学生都是具体的人，都是鲜活而独特的生命。我们积极转变评价观念，坚持多元发展观，遵循知行统一、理论联系实际等原则，重视在生活中教育、在劳动中实践，努力探寻新时代“生活·实践”教育的原理与策略，通过“小能手”评价、课堂教学评价，运用生活经验与思维方式去连接教学、学习与教育的整个场域，引领学生经历具有整体意义的探索，引导学生发现并经历问题解决的真实过程，提升学生基于问题发现与解决的持续学习的意识与能力，学会独立思考、合作探究与展示分享，提升学生在运用中综合解决复杂问题的素养以及在问题解决中的元认知水平，不断培养指向创造的可持续学习能力。

一、基于课标相关理念与要求，展开学理分析与学情调查

《课程标准（2022年版）》在课程内容组织上要求：“重点对内容进行结构化整合，探索发展学生核心素养的路径。”目前，学科知识主要以教材形式呈现，教师需要在理解课标与梳理教材的基础上清楚教材结构与目标要求，搞懂儿童数学学习的认知规律与方法结构，从而掌握儿童的数学学习原理。

小学数学结构化学习着眼于数学整体知识结构的建构，将课时内容置于

数学知识整体之中，通过对课时内容与单元、主题、领域，以及其他学科相关内容的关联性分析，重新建构具有连续性、关联性和生长性的课时内容。教师要从学生真实生活的角度去理解数学，从学生熟悉的、关联的、综合的知识经验出发，真正弄懂知识的来龙去脉，清楚学习的过程与结构；教师更要重视学生学习情况的调查与研究，将内容结构、方法结构、情意结构融入目标结构之中，并主动融到教材编者与学生之中一起研究，开发学习需要的材料、创设真实的问题情境，引领学生自主地学习与反思等，真正通过学习提高学生元认知水平，促进他们形成学科教育必须培养的必备品格与关键能力。

教师运用开发的学材进行具体课时内容教学时，要做到以下三个方面：一是要将点状知识“嵌入”到单元、主题之中，从关联的例题、单元、主题、领域的目录梳理中分析与理解基于大概念的横向和纵向的知识结构网，确立基于数学本质的核心问题；二是要明晰直观操作、抽象推理与模型应用“螺旋上升”的层级结构，从而透彻辨析知识内在组织形态，从构建知识、教师、学生等学习共同体出发，立足学生基础知识、基本技能、基本思想和基本活动经验，了解学生的生活和学习相关经验，调查了解学生是否知、知多少与怎么知的整体经验，考量学生现实认知的整体水平与存在的具体差异；三是将知识的单元结构与学生的整体经验结合起来，依据课程标准的相关要求和真实问题的引领，进一步找到知识学习的核心任务，设计主题活动，凸显潜在能力发展，真正理解知识结构与认知结构的关联，刻画立足于学科知识结构与学生认知结构的学习路径图，努力达成目标综合性、主体多元性和过程活动性的教育目的。所以，从整体意义关联的角度理解和把握教材，是落实课程内容与课程标准对接的前提，是提升教师教学融会贯通专业理解与分析学情的关键。这，为科学设计与有效组织实施教学打下了基础。

二、基于核心问题与任务的把握，开展学材开发与学程设计

《课程标准（2022年版）》指出：“在教学中要重视对教学内容的整体分析，帮助学生建立能体现数学学科本质、对未来学习有支撑意义的结构化的数学知识体系。”小学数学结构化学习遵循儿童的认知、心理发生发展规律，强调学生在学习过程中基于数学学科的“逻辑意义”与基于自身已有认知的“经验意义”而建立的心智发展结构图式（如图2所示）。

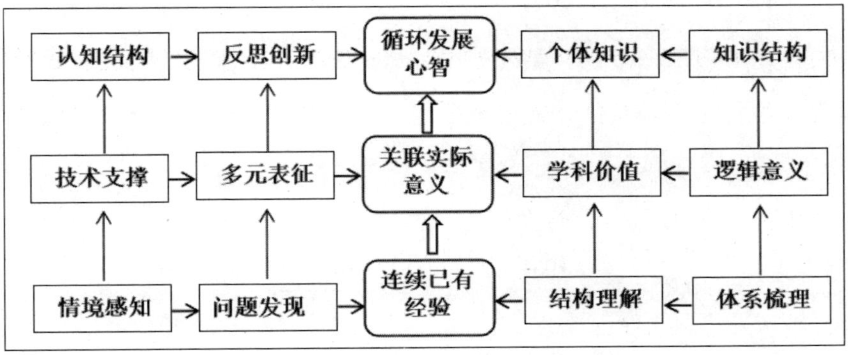

图2　小学数学结构化学习原理分析

在研究学理和学情的基础上，着力将教材转化为学材，即通过教师的专业化理解与儿童认知结构，设计联结学生认知经验的真实情境，激发学习者发现数学问题，找到关联的数学元素，促进适合于学生结构知识的理解。学材开发基于知识内容、认知过程和学生学习之间整体、关联、发展的关系，从整体到细节对学习课程进行适合的、个性化的挖掘、重组，构建能够促进学生主动学习的材料资源，并努力遵循三个原则。

一是整体性原则。教师依据教材分析数学知识的结构内容，提炼知识的核心元素，厘清知识生长的原点，以及知识的发生、发展脉络，明晰知识与知识之间、知识与方法之间的纵向和横向关联，体现知识体系与学生认知过程的整体性。

二是关联性原则。教师依据知识的关联结构及其变化，打通知识点的联系，创造真实学习的整体性情境；把握知识结构中核心概念不断变化与上升性数学问题的解决，促进学习过程由内而外进行结构化理解，不断经历由点到面、由面及体结构化的数学学习过程，从而实现“课课不同，课课融通”的数学结构化学习。

三是发展性原则。学材的开发应重视以学生的学习经验为基础，突出学生的内在动机、兴趣、态度、习惯等因素，科学运用具象、表象、抽象与想象等不同层级的认知活动，不断提升学生自我反省、修正与调节的元认知水平，促进数学学习的综合素养发展与关键能力提升。

《课程标准（2022年版）》强调："帮助学生学会用整体的、联系的、发展的眼光看问题，形成科学的思维习惯，发展核心素养。"在课堂学习的层面上，结构化学习具体体现的是"连续—关联—循环"课堂学习模型（如图3所示）。

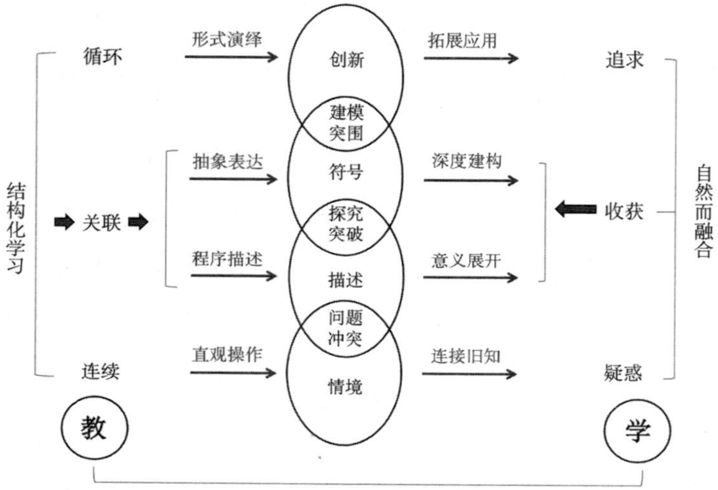

图3　结构化学习：连续—关联—循环的自然融合

在连续中着力核心知识的"直观"过程，在关联中凸显多元表征形式的"概括"过程，在循环中突出综合应用的"回问"过程。教学通过对学生的学习过程，即"直观经验—程序探讨—抽象表达—形式演绎"的深度理解，支持他们的"问题发现—元素关联—意义建构—反思创新"等系列活动。这样经过"连续—关联—循环"三个环节的教学活动，支撑起学生"疑惑—收获—追求"的学习效果，让学生的学习自然而有意义地发生。基于数学知识的整体意义关联，促进结构化思维发展，进一步设计结构化学习"3×3"活动方案，即连续、关联、循环与情境、活动、评价的结构化活动组织，在结构化学习的每一个环节匹配发展必备品格、关键能力与情感态度等方面的核心素养（如表1所示）。

表1　结构化学习的教师“3×3”备课

	情境	活动	评价
连续	设计经验情境，连续学生已有知识经验和生活经验	经历系列感知活动，经验感知，形成认知冲突；学习定向，激发积极的学习心向	能体现教师“搭梯子”主导作用，让新知的学习与已有知识经验、思维和情意结构产生连续，使学习真实发生
关联	设计互动情境，经历“具象、表象、抽象”表征过程，形成概念或模型	经历系列体验活动，体验理解、分析描述、表象建构，互动交流	能体现师生“找钥匙”互动作用，师生能紧紧围绕核心概念进行积极互动，融通数学知识内在关联。能体现“围着学生学”展开教学活动
循环	设计实践情境，经历问题解决过程，迁移应用、深化新知、持续问题	经历系列实践活动，迁移应用，循环上升，完善学生自我发展心智模式	能体现学生“开窗户”主体作用，学生在实践应用中实现知识、方法和思想的迁移应用、循环上升

《课程标准（2022年版）》指出：“一方面了解数学知识的产生和来源、结构与关联、价值和意义，了解课程内容和教学内容的安排意图；另一方面强化对数学本质的理解，关注数学概念的现实背景，引导学生从数学概念、原理及法则的联系出发，建立起有意义的知识结构。”结构化学习就是数学概念、模型建构的科学支撑与有效途径，通过“连续—关联—循环”的结构化学习，让学生经历数学知识的形成、应用与发展的完整过程，促进数学知识完整体系的建构，让学生的思维更加清晰、全面、深刻，实现深度学习，提升数学思维品质；教师与学生一起“搭梯子、找钥匙、开窗户”，结构化地教学设计与组织实施，引导教师有效改善教学思维方式，整合优化教学资源，灵活组织教学活动，逐步实现由“用知识来教”向“为学生而教”转变，实现素养导向的数学学习。

搭一个梯子，促进已有经验与认知基础的自然连续。数学知识具有高度的整体性和关联性，教师在进行教学设计时要重视对教学内容的整体理解与分析，了解数学知识的产生与来源、结构与关联，理解知识本质内涵，清晰学生认知水平，基于教材甚至突破教材创造最符合学生认知需求的学习内容。把知识从教材中“请”到学生的身边、手上、心中，乃至大脑里，为学生搭建一个具有助学意义的“梯子”，以充分调动学生主动投入学习活动的兴趣和自信心，唤醒师生一起进入学习的积极状态。

给一串钥匙，促进独立思考与合作探究的持续关联。学生获得数学经验和情感体验来自个体经历的数学活动过程，这个过程也是通过交往的社会化学习而不断实现的。《课程标准（2022年版）》强调：“要重视学生直接经验的形成，处理好直接经验与间接经验之间的关系。”学生在交往活动中，通过与他人对话、互动，可以让模糊的认知清晰起来，促进元认知水平的不断提升，从而对认知的对象形成更全面、更深刻的认识。通过学习方式的变革激发每一个学生能够独立思考并积极参与到“共同”问题的探讨之中，彰显不同学生的不同理解与表达，并在解决真实问题的过程中展示学习成果，使自主研讨、合作交流、质疑反驳获得平衡统一，让学生在“做”中经历完整的数学知识形成过程，以及探寻解决问题“钥匙”的过程。

开多扇窗户，促进实践应用与自我认知的价值循环。当学生获得新知之后，要重新回到生活中去实践，在问题解决中进一步发展知识、认知与情感。结构化学习重视构建师生、生生的动态主体结构，激发学生想象、预见未来的可能，变换思维方式，启发创新意识，培养持续学习的意志品质，不断实现核心素养的落地生根。学生通过对新知识的理解与意义建构，形成个体性的知识内化结构，特别是在新的问题情境中运用模型解决问题的能力，反思获得知识、解决问题过程的意识，建立并完善自我认知图式，提高元认知水平，从而促进心智开放与发展，在数学学习中培养关键能力与必备品格。重视知识结构的迁移应用，跨领域知识、跨学科知识的综合应用，以及在更加复杂的问题情境中想象、开放与解放的思想与方法培养，进而让学生在独立思考、合作探究与交流分享中，培养学习的兴趣、习惯、意志与品质。

三、基于思维结构与心智转换，建构发展性评价体系

小学数学结构化学习目标评价将应用性放在重要位置，贯穿数学学习的始终，重视学生的数学理解与综合应用，促进知识结构发展与心智结构发展之间的转换，在经历直观、表象、抽象与反思中，结构化地认识、理解、应用，理性地进行问题分析与模型转换，创造性地解决新环境中的新问题。评价侧重思维的迁移运用和元认知反思，以促进学生数学知识、数学思维和理性精神的同步进阶。

第一，评价目标具体化。结构化学习突出结构化思维的形成以及知识、方法、思想迁移能力的培养，对学习过程、学习行为、学习结果、学习态度等都有具体要求。在连续、关联、循环三个学习环节中，将课堂学习的时段目标与单元学习的阶段目标以及学科学习的整体目标有机地贯通起来，实现目标的一致性与阶段性的统一。教师有效设计学习情境与活动，开发学习工具与技术，组织学习内容与形式，引导学生主动进入经验连接学习、深入探究体验学习与反思应用学习。

第二，评价过程全覆盖。小学数学结构化学习评价，指向学习过程与学习结果相结合、显性效果与隐性效果相结合。小学数学结构化学习更加重视思路、思维、思想与教学的方式方法、数学学科素养相结合的评价，评价贯穿学习的全过程。

第三，评价内容结构化。结构化学习评价在内容、方法、过程、成果以及情感、态度、意志、价值观上浑然一体。学习内容的知识结构化，把握纵向贯通领域知识与横向融合跨领域知识的整体关联结构化，明晰基于年段知识单元章节的关联，以及基于核心概念的课时关联，以“课始看见核心概念，发现结构；课中探究核心任务，建立结构；课尾提升核心素养，深化结构”为目标。

第四，评价引领新创造。结构化学习所倡导的评价旨在让教师在理解数学课程目标、内容和意义的基础上，更新教育观念，优化教学方式，积极创造真实连贯的情境，引导学生不断对接自己的经验，关联不同知识，促进情

感、意志与思维的和谐发展。在教学中，教师还要能善于运用情感与认知的“双轮”驱动，有效解决纸上谈兵、照本宣科与学做分离等问题，有力推动教师教学的专业理解与实践，最终实现学生深度学习的发生与建构。

结构化学习的课堂，在课尾都会让学生反思学习了什么、怎么学习的、还想到什么问题。结构化学习，要求学习者通过回顾和反思自己的真实体验，用一种全新方式去分析和理解学习的内容，关注并重视它们对概念理解、问题解决及经验建构等过程的变化。反思之所以是结构化的，是因为它需要由一些即时特定的提示、循序渐进的问题、巧妙合适的情境、有组织的讨论及其他相关活动来引导，以促进学习者深层次、系统化地思考问题。回顾与反思让学生打破思维的“天花板”，生长出合理的新问题，在数学之“变”中发现不变的规律，感受数学结构之美。

学生个体之间是存在差别的，根据不同学生的能力水平，有步骤地推动学生结构化水平的发展：首先形成知识结构，并不断反思学习过程，发展元认知，清晰自我的认知结构，在知识与认知的融通融合发展中，最终达到提升素养结构的目的。层级结构化水平表现为不同的应用能力，数学知识的结构一旦形成，学生就能够在学科内进行迁移和运用，面对新的问题自然连接和激活结构性知识，继续还原到结构中的元素，顺利解决新问题的同时也继续将新问题产生的新知识纳入，拓展和发展原有的知识结构。知识的迁移运用过程一定伴随着思维的卷入，迁移运用过程中的元认知反思，也促进了认知结构的发展。认知结构具有更强的迁移力，思路、思维和思想，可以突破学科的界限，实现跨学科迁移和运用，促进不同学科知识之间的融合。反之，通过多学科融合的迁移活动，其认知结构水平也会相应提升。知识与认知的结构融合发展，最终促进了整体素养结构的发展，这样的结构就可以与学习的、生活的现实和谐融通，能够在现实生活中，主动发现问题，运用结构性思维，设计和实施科学解决问题的步骤，反思过程，修正完善，成为解决问题的小能手和美好生活的创造者。

小学数学结构化学习在教师优化学习内容与提供工具技术的支撑下，

帮助学生拓宽思维视野，优化思维方法，提高思维能力，在学习过程中有效突破思维定式，改进学习的方式方法，不断提升数学思维品质，让思维更加清晰、全面和深刻。本书建立在小学数学结构化学习实践近二十年的研究成果基础之上，以“用字母表示数”为例，具体阐述了如何将结构化学习的“五学”框架应用于一节具体的数学课中。通过这样的“一课”研究，努力让教师明白“一类”课该怎样教、怎样学，达到“一课通，百课通”的研修目标。

“用字母表示数”一课的研究，以学为中心，从学生学习的角度出发，关注学习的整体历程，包括用字母表示数的知识和认知序列、学生已有的知识、生活基础和最近发展区、学材开发的路径和对学生的认知支持、学习过程的师生双边活动、不同维度的过程性和结果性评价以及教学过程的回顾反思和经验总结，也就是本书的六个方面：学理分析、学情调查、学材开发、学程设计、学评监控和教学实施，力求全面对“用字母表示数”进行结构化的深度分析与教学实践。当然，我们的研究还在不断完善和发展阶段，《用字母表示数》也是阶段性研究的成果，热诚地欢迎专家和读者提出宝贵的意见，让我们的研究更加完善，更加科学。

吴玉国

2023年8月30日

第一章　学理分析：理解认知序列

小学数学结构化学习的学理分析，旨在通过对学科知识结构的解构、建构和重构，促进小学数学教师站在单元整体视角，对知识结构的学科形态、教材形态与学习形态融通理解，发现数学本质、找准核心元素，从而深刻领会学科育人价值，正确把握科学实践方向。本章节围绕苏教版五年级上册“用字母表示数”一课进行学理分析，梳理用字母表示数的数学发展史，理解数学本质，挖掘历史价值；整理用字母表示数的知识结构和教材编排，形成思想方法，促使技能提升；理解用字母表示数的认知结构，明晰教学目标，实现素养发展。

第一节　用字母表示数的数学发展史

一、用字母表示数的发展史

世界上现存的最古老的数学书，是古埃及的数学文献《兰德纸草》，距今约四千年。“纸草”是尼罗河三角洲出产的一种水生植物，形状像芦苇，经过加工之后，可以当纸写字。古埃及的文献主要写在纸草上。《兰德纸草》长544厘米，宽33厘米，上面有众多的象形会意文字，共计85个实用数学习题的解答方法。其中，代数中就有一元一次方程、等比数列等。而人类在符号层面上用字母表示数，那是16世纪中叶以后的事情。这两者间相差了近4000年！

因为初等代数被分为文辞代数、缩写代数、符号代数三个阶段，相应的，方程的历史演变也经历了文辞式方程、缩写式方程、符号式方程三个阶段。公元3世纪，丢番图在其著作《算术》中首先用符号“ζ”表示未知数。但又因为是缩写，所以字母都表示着特定的意思，丢番图给出的解方程方法，又是一个方程对应一个方法，这些都不具备“一般普遍”的意义。到了16世纪，代数学在欧洲得到了质的突破。法国数学家韦达认为代数是施于事物的类与形式的运算方法，他在自己的著作中提出了用字母表示不同量的想法。例如，用A或其他母音字母表示未知量，用B、C、G或其他子音字母表示已知量。韦达开启了符号代数的时代，他超越了各类数量的具体特点，从一般意义上用字母来表示它们，省略了数学关系的实际情境，去掉了实际语言带来的差别，使得代数具有了用“类”与“形式”解决问题的特点（如图1-1所示）。

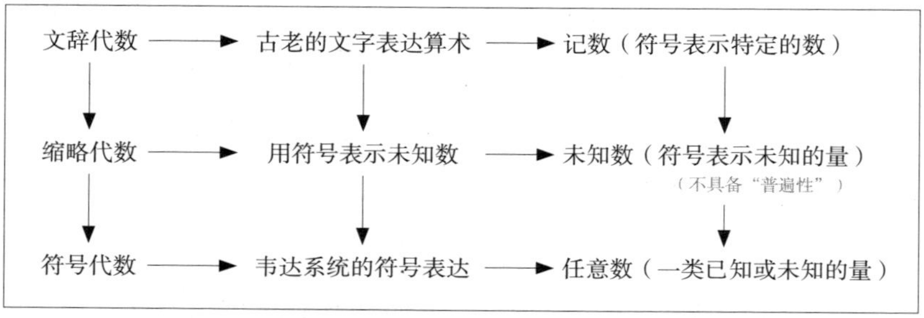

图1-1 “用字母表示数”的数学发展历程

二、用字母表示数的数学本质

丢番图和韦达虽然都用字母表示数，但分别代表着两个历史时期，两者的根本性区别在于表示的是一个数还是一类数，是一个个具体地解决问题还是形式化一类地解决问题。更为具体地说，从丢番图到韦达意味着认识的进阶：字母不仅可以表示未知数，还可以表示已知数；字母不仅可以表示特定的意义，还可以表示变化的一类数量；不仅可以在缩写水平上运用字母，而且可以在符号水平上运用字母。学习用字母表示数，显然不是学习丢番图的方法，而是要领悟韦达的思考。丢番图用字母表示数的本质是替代，韦达用字母表示数的本质是抽象概括。算术，是把物抽象成数；代数，再把数概括成符号，字母不过是符号的外在表征形式而已。

三、用字母表示数的历史价值

真正取得用字母表示数历史性突破的，是法国数学家韦达用字母表示“一类”已知或未知的量，这凸显了用字母表示数的概括性（抽象性）和简洁性。如何能够用符号表示一类数、变化的数、任意已知和未知的数以及数量关系和算术结果，这正是“用字母表示数”产生的历史需要。“用字母表示数”是学生由“算术语言”转向“代数语言”的起点，也是今后学习方程、不等式等内容的知识基础，更是学生形成代数思维支持其继续进行数学研究的重要转折。数学发展史告诉我们，用字母表示数的演变过程不是简单的用字母代替文字表达的过程，而是具体数量符号化的过程。

第二节　用字母表示数的知识体系

一、用字母表示数在代数学习体系中的结构与说明

（一）用字母表示数在代数学习体系中的地位

“用字母表示数”是整个代数学习的基础，在小学数学与初中代数之间起着承上启下的作用。“用字母表示数”的学习，要让学生真正体会用字母表示数的优越性，学会用字母表示简单的数或数量关系，才能为后续的学习奠定好基础。

经历由数字表示数到用字母表示数、由日常语言表示数量关系到用符号语言表示数量关系的抽象过程，是学生数学思维发展的一次跨越，也是学生进一步学习代数知识乃至其他数学知识的重要基础。“用字母表示数”的教学重点是理解字母既可用来表示不变的数量，又可用来表示变化的数量；既可用来表示已知的数量，又可用来表示未知的数量。因为只有真正建立上述理解，才能准确把握用字母表示数的意义和价值。“用字母表示数”的教学难点是理解含有字母的式子既表示结果，

又表示关系。从实践来看，由于学生长期学习数与计算后形成了思维定势，使得他们不大容易接受作为结果的式子，这涉及数学思维方式的重要转折。

苏教版小学数学教材的编排给了我们一些教学启示：

第一，利用熟悉的问题情境，帮助学生理解并学会用字母表示数。教学中涉及的实际问题，大多是日常生活中能够经常接触且数量关系较为简单的，或是学生在以往学习过程中已经解决过的。呈现这些实际问题时，或以图文结合的形式，或以表格的形式，尽可能做到形象直观，以便于学生把注意力集中于用字母表示数以及用含有字母的式子表示数量关系的抽象过程，从而对用字母表示数的数学价值产生更为深刻的领悟。此外，为了避免增加学生理解上的难度，相关的实际问题所列出的含有字母的式子，一般不涉及除法运算。

第二，注重让学生完整地经历用字母表示数的抽象概括过程，增加用字母表示数、数量关系的表征活动，逐渐深入理解用字母可以表示任意数、数量关系（过程）和结果的广泛性，感受用字母表示数的必要性和优越性，深刻理解用字母表示数的意义。

第三，由易到难，由扶到放，逐步培养学生用字母表示数的习惯，不断发展学生的符号意识，形成初步的代数思维。

（二）用字母表示数在代数学习体系中的结构

“用字母表示数”的学习内容安排及前后联系如图1–2所示：

已学过的相关内容	本单元主要内容	后续学习的相关内容
·实际问题中的基本数量关系（一至四年级） ·用字母表示运算律、面积公式（三下至五下第八单元）	·用字母表示数 ·用含有字母的式子表示数量、数量关系和公式 ·求含有字母的式子的值及带入计算	·方程（五下） ·比例、正比例和反比例（六下）

图1–2 “用字母表示数”学习内容安排

二、用字母表示数的学程安排说明

数与代数是义务教育阶段学生数学学习的重要领域，在小学阶段分为“数与运算”和“数量关系”两个主题。三个学段的内容相互关联，由浅入深、层层递进、螺旋上升，构成相对系统的知识结构。其中，“用字母表示数”在“数量关系”这个内容序列中又占据着十分重要的位置（如表1–1所示）。

表1–1　“用字母表示数”学程安排（苏教版）

教材	单元名称	课时名称		
一年级上册	10以内的加法和减法	（在解决问题的每课时中积累数量关系经验）		
一年级下册	100以内的加法和减法（一） 100以内的加法和减法（二）	求被减数的解决问题		
二年级上册	100以内的加法和减法（三） 表内乘法（一） 表内除法（一）	（在解决问题的每课时中积累数量关系经验）		
二年级下册	两三位数的加减法	（在解决问题的每课时中积累数量关系经验）		
三年级上册	长方形和正方形	认识周长		
三年级下册	长方形和正方形的面积	长方形和正方形的面积		
四年级上册	解决问题的策略	解决问题的策略——列表		
四年级下册	运算律	加法交换律和结合律	乘法交换律和结合律	乘法分配律
五年级上册	用字母表示数	用含字母的式子表示数量关系	化简含有字母的式子	
五年级下册	方程	方程的意义	解方程	用方程解决实际问题
六年级上册				
六年级下册	比例，正比例和反比例	比和比例	正比例的意义和图像	反比例的意义和图像

第三节　用字母表示数的课程标准要求

一、用字母表示数的课程标准变化与理解

（一）2011年版数学课程标准要求

《义务教育数学课程标准（2011年版）》，以下简称《课程标准（2011年版）》，在第二学段（4~6年级）“学段目标”和“课程内容”中对“用字母表示数”的内容进行了具体说明（如表1–2所示）。

表1–2　《课程标准（2011年版）》对第二学段“用字母表示数”的要求

学段目标	知识技能	（1）体验从具体情境中抽象出数的过程 （2）能用方程表示简单的数量关系，能解简单的方程
	数学思考	（1）初步形成数感和空间观念，感受符号和几何直观的作用 （2）在观察、实验、猜想、验证等活动中，发展合情推理能力，能进行有条理的思考，能比较清楚地表达自己的思考过程与结果 （3）会独立思考，体会一些数学的基本思想
	问题解决	（1）尝试从日常生活中发现并提出简单的数学问题，并运用一些知识加以解决 （2）能探索分析和解决简单问题的有效方法，了解解决问题方法的多样性 （3）经历与他人合作交流解决问题的过程，尝试解释自己的思考过程 （4）能回顾解决问题的过程，初步判断结果的合理性
	情感态度	（1）愿意了解社会生活中与数学相关的信息，主动参与数学学习活动 （2）在他人的鼓励和引导下，体验克服困难、解决问题的过程，相信自己能够学好数学 （3）在运用数学知识和方法解决问题的过程中，认识数学的价值 （4）初步养成乐于思考、勇于质疑、言必有据等良好品质
课程内容	数与代数	（1）在具体情境中能用字母表示数 （2）结合简单的实际情境，了解等量关系，并能用字母表示

（二）2022年版数学课程标准要求

《义务教育数学课程标准（2022年版）》，以下简称《课程标准（2022年版）》，在“学段目标”“课程内容”和“学业质量”三个方面，对用字母表示数的学习内容做出了说明（如表1–3所示）。

表1–3 《课程标准（2022年版）》对第二学段“用字母表示数”的要求

<table>
<tr><td rowspan="3">学段目标</td><td colspan="3">经历用字母表示数的过程，形成符号意识、运算能力、推理意识</td></tr>
<tr><td colspan="3">尝试在真实情境中发现和提出问题，探索运用基本数量关系，以及几何直观、逻辑推理和其他学科知识、方法分析与解决问题。形成模型意识和初步的应用意识、创新意识</td></tr>
<tr><td colspan="3">对数学具有好奇心和求知欲，主动参与数学学习活动。在解决问题的过程中，体验成功的乐趣，相信自己能够学好数学，感受数学的价值，体验并欣赏数学美。初步养成认真勤奋、独立思考、合作交流、反思质疑的习惯</td></tr>
<tr><td rowspan="3">课程内容</td><td>内容要求</td><td>数量关系</td><td>在具体情境中，探索用字母表示事物的关系、性质和规律的方法，感悟用字母表示的一般性</td></tr>
<tr><td>学业要求</td><td>数量关系</td><td>能在具体情境中，用字母或含有字母的式子表示数量之间的关系、性质和规律，感悟用字母表示具有一般性</td></tr>
<tr><td>教学提示</td><td colspan="2">数量关系的教学。理解用字母表示数的一般性，形成初步的代数思维。用字母表示数的教学要设计合理的实际情境，引导学生会用字母或含有字母的式子表达实际情境中的数量关系、性质和规律。例如字母表达常见的数量关系及其变形，“路程=速度×时间”表示为$s=v\times t$，这个关系的变式为$v=s\div t$，$t=s\div v$；还可以表达图形的周长和面积计算等，感受字母表达的一般性。运用数和字母表达数量关系，通过运算或推理解决问题，形成与发展学生的符号意识、推理意识和初步的应用意识</td></tr>
<tr><td>学业质量</td><td colspan="3">能用字母表示数，理解常见的数量关系，形成初步的符号意识；并在后面配上较多例题进行了具体说明，如例1–4、例1–14、例1–18、例1–19等</td></tr>
</table>

（三）新旧版课程标准中关于用字母表示数要求的变化

在用字母表示数的基本学习内容方面，新旧课标的要求趋于一致，比如都要求学生“在具体情境中能用字母表示数”“结合简单的实际情境，了解等量关系，并能用字母表示”，但在以下两个方面存在差异：

1. 学段的划分更加精细

《课程标准（2011年版）》将九年的学习时间分为三个学段：第一学段（1~3年级）、第二学段（4~6年级）、第三学段（7~9年级）。而《课程标准（2022年版）》将九年的学习时间划分为四个学段，其中，“六三”学制1~2年级为第一学段，3~4年级为第二学段，5~6年级为第三学段，7~9年级为第四学段。

从教材的编排上来看，小学阶段第一次接触用字母表示数是在五年级，在此之前，学生经历了概括表达规律的懵懂感受期，有大量的用字母表示规律、计算公式、运算律的经验。“用字母表示数”的学习是建立在大量“用”的经验上，又将“用”扩展为“进一步深度学”，完善学生对用字母表示数的理解，进一步认识用字母表示数的价值和意义。两版课标都将其放在第二学段五年级，可见，五年级是学生学习用字母表示数的关键转折点，也是方程学习的启程点。课标的安排贴近教材的编排设计，也符合新时代学生的生理和心理特征变化。

2. 课程内容的安排更加结构化

《课程标准（2011年版）》还停留在要学习的数学知识本身，也就是停留在知识的“现在”，而《课程标准（2022年版）》关于认识用字母表示数学习方面的表达，更加强调知识的“前世与未来”，即知识从何而来和知识指向何处，更加注重知识之间的衔接与联系，更加注重学生核心素养的培养。

知识的“前世”指向的是学生原有的认知基础，知识的“未来”指向的是学生的迁移运用能力。这样的学习，学生从原有认知基础出发，在学习的过程中利用数学方法，不断积累现有的认知经验，通过练习强化认知，形成理性数学思维。在这个过程中，学生习得的知识结构更加完整，能在头脑中形成属于自己的认知地图，先建立知识本身的单个结构“细胞体”，在学习更多知识的过程中，再建立知识与知识之间的联结“突触”，从而建构好完备的数学思维网。学生在不断地强化练习中，通过优化自己的思维网，并多次实践运用，解决实际问题。

具体的表达与分析如下：

“在具体情境中，探索用字母表示事物的关系、性质和规律的方法，感悟用字母表示的一般性。”

《课程标准（2022年版）》删去了方程，强化了用字母表示数，将《课程标准（2011年版）》用字母表示等量关系扩充为表示数量关系、性质和规律等，方程不再出现，但是方程的表达依然还在，这体现了课程内容高度的整体性。同时，学生已经具备了用字母表达常见的数量关系及其变形，表达平面图形周长和面积计算公式、运算律等，新课标的要求更注重知识之间的衔接性和完整性，让学生感受字母的一般性。后续再运用数和字母表达数量关系，通过运算或推理解决问题，这也能帮助形成与发展学生的符号意识、推理意识和初步的应用意识，培养数学学科核心素养。

二、课程标准要求的变化对教学的启示

《课程标准（2022年版）》课程理念致力于义务教育阶段的培养目标，促使学生通过学习，形成和发展面向未来社会和个人发展所需要的核心素养，不同阶段发展不同水平。从新课标的这些变化来看，我们的课堂教学也要随之调整。

（一）关注课程育人价值

新课标强调课程内容的选择要关注数学学科发展前沿与数学文化，继承和弘扬中华优秀传统文化；与时俱进，反映现在科学技术与社会发展需要；符合学生的认知规律，有助于学生理解、掌握数学的基础知识和基本技能，形成数学基本思想，积累数学基本活动经验，发展核心素

养。数学概念也是一种数学文化，站在数学文化的角度实施概念教学，能够让学生完整经历数学概念的形成过程，深刻理解概念的本质，不仅让学生“知其然”，还能够“知其所以然”。

“用字母表示数”是历史进化的“产物”，教学时应当将概念还原到历史最初的状态，让学生亲历概念发生、发展和形成的过程。教师教学需要基于学生已有的认知经验，给予学生充分发挥的时空，鼓励他们经历字母表征的过程，在师生双向互动中优化表征方法，感受从数字、文字到字母再到符号的发展过程，深刻体悟用字母表示数的意义和价值。同时在合适的教学阶段，可以通过阅读形式介绍用字母表示数的数学文化史，且要抓住三个关键节点，从古时“修辞代数”到丢番图时期“缩略代数”再到韦达时期“符号代数”，体会韦达在字母表示数发展进程中的重要贡献。

在教学评价和实施的过程中，要始终坚持育人导向，充分挖掘数学学科的育人价值，拓宽学生的眼界，鼓励学生实现数学“再创造”，进一步发展数学学习所需的关键能力和必备品格。

（二）关注核心素养落地

《课程标准（2022年版）》提出小学阶段有11个核心素养表现：数感、量感、符号意识、运算能力、几何直观、空间观念、推理意识、数据意识、模型意识、应用意识、创新意识。“用字母表示数”这节课要注重培养学生的符号意识、推理意识、模型意识等。

用字母表示数经历了漫长的历史发展过程，当中布满艰辛与曲折。学生的学习过程中也会有认知难点，主要问题在于抽象的符号表示数与学生的具体形象思维产生的冲突，教学时就需要让学生充分经历表征的过程，不断地交流、对比、讨论、争辩，深刻理解用字母不仅可以表示已知的、确定的数，还可以表示未知的、不确定的数，感悟用字母表示数的概括性（抽象性）和简洁性。

（三）关注数学思维提升

数学为人们提供了一种理解与解释现实世界的思考方式，通过数学思维，能够运用符号运算、形式推理等数学方法，分析、解决数学问题和实际问题。学生在小学阶段数与代数方面有两次认知上的飞跃，第一次是由具体的量抽象出数，“用字母表示数”是学生认知上的第二次飞跃，学生对于用字母表示数的理解从表示“一个数”到表示“任意数”。

教学时一个最大的难点就是学生能将含有字母的式子既看成是一个过程，又看作是一个对象，它是确定性的结果和抽象性的关系的统一体，教学时需要设计层层递进的教学过程，让学生在创造和发明的过程中实现思维水平逐级提升，最终实现由“算术思维”走向“代数思维”。

第四节　用字母表示数的教材编排比较与分析

一、用字母表示数单元知识横向融合结构

笔者选取苏教版（2014年版）、人教版（2022年版）、北师大版（2013年版）和西师版（2008年版）第一课时例题进行了横向和纵向的对比分析（如表1–4所示）。

横向对比四个版本教材中“用字母表示数”的内容，有如下相同点：

一是在学习本课之前，学生都有较丰富的学习经验与生活经验，如大量的生活实践问题、数量关系的理解以及用字母表示公式、运算律的经验。各版本教材都关注到了学生的已有经验，并充分调用已有经验开展新知活动。

二是都关注用“问题情境”来落实课标要求，几个版本的每一个案例或例题中都由一个或者多个问题情境组成。

表1-4　“用字母表示数”四个版本教材对比分析

<table>
<tr><th>版本</th><th>苏教版</th><th>人教版</th></tr>
<tr><td>教材内容</td><td>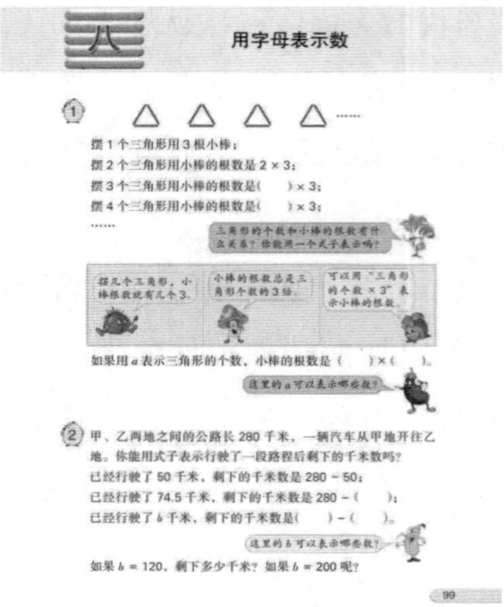
八　用字母表示数
① △ △ △ △……
摆1个三角形用3根小棒；
摆2个三角形用小棒的根数是2 × 3；
摆3个三角形用小棒的根数是(　　) × 3；
摆4个三角形用小棒的根数是(　　) × 3；
……
三角形的个数和小棒的根数有什么关系？你能用一个式子表示吗？
摆几个三角形，小棒根数就有几个3。
小棒的根数总是三角形个数的3倍。
可以用“三角形的个数 × 3”表示小棒的根数。
如果用 a 表示三角形的个数，小棒的根数是(　　) × (　　)。
这里的 a 可以表示哪些数？
② 甲、乙两地之间的公路长280千米，一辆汽车从甲地开往乙地。你能用式子表示行驶了一段路程后剩下的千米数吗？
已经行驶了50千米，剩下的千米数是280 − 50；
已经行驶了74.5千米，剩下的千米数是280 − (　　)；
已经行驶了 b 千米，剩下的千米数是(　　) − (　　)。
这里的 b 可以表示哪些数？
如果 b = 120，剩下多少千米？如果 b = 200呢？
99</td><td>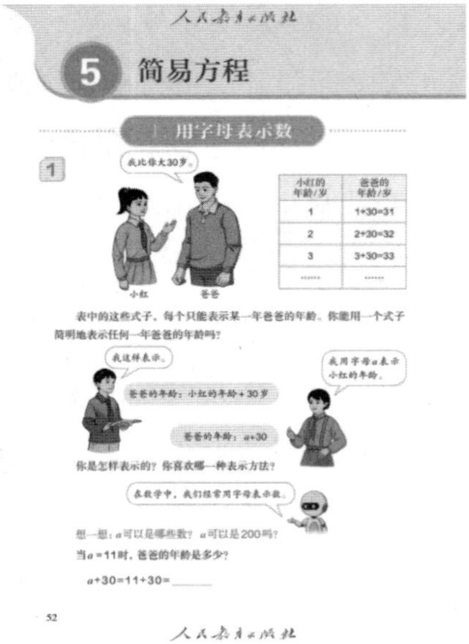
人民教育出版社
5　简易方程
1　用字母表示数
1
我比你大30岁。
<table><tr><th>小红的年龄/岁</th><th>爸爸的年龄/岁</th></tr><tr><td>1</td><td>1+30=31</td></tr><tr><td>2</td><td>2+30=32</td></tr><tr><td>3</td><td>3+30=33</td></tr><tr><td>……</td><td>……</td></tr></table>小红　爸爸
表中的这些式子，每个只能表示某一年爸爸的年龄。你能用一个式子简明地表示任何一年爸爸的年龄吗？
我这样表示。
爸爸的年龄：小红的年龄 + 30岁
我用字母 a 表示小红的年龄。
爸爸的年龄：a+30
你是怎样表示的？你喜欢哪一种表示方法？
在数学中，我们经常用字母表示数。
想一想：a 可以是哪些数？a 可以是200吗？
当 a = 11时，爸爸的年龄是多少？
a+30=11+30=______
52
人民教育出版社</td></tr>
<tr><td>教材内容</td><td>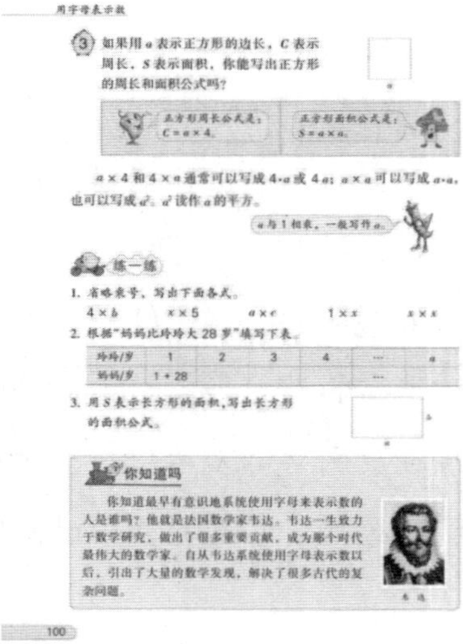
用字母表示数
③ 如果用 a 表示正方形的边长，C 表示周长，S 表示面积，你能写出正方形的周长和面积公式吗？
正方形周长公式是：$C = a \times 4$。
正方形面积公式是：$S = a \times a$。
$a \times 4$ 和 $4 \times a$ 通常可以写成 $4 \cdot a$ 或 $4a$；$a \times a$ 可以写成 $a \cdot a$，也可以写成 a^2。a^2 读作 a 的平方。
a 与1相乘，一般写作 a。
练一练
1. 省略乘号，写出下面各式。
4 × b　　x × 5　　a × c　　1 × x　　x × x
2. 根据“妈妈比玲玲大28岁”填写下表。
<table><tr><td>玲玲/岁</td><td>1</td><td>2</td><td>3</td><td>4</td><td>…</td><td>a</td></tr><tr><td>妈妈/岁</td><td>1 + 28</td><td></td><td></td><td></td><td>…</td><td></td></tr></table>3. 用 S 表示长方形的面积，写出长方形的面积公式。
你知道吗
你知道最早有意识地系统使用字母来表示数的人是谁吗？他就是法国数学家韦达。韦达一生致力于数学研究，做出了很多重要贡献，成为那个时代最伟大的数学家。自从韦达系统使用字母表示数以后，引出了大量的数学发现，解决了很多古代的复杂问题。
韦达
100</td><td>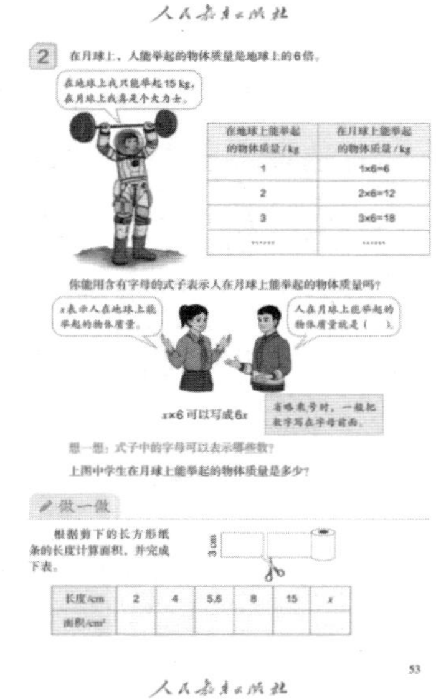
人民教育出版社
2　在月球上，人能举起的物体质量是地球上的6倍。
在地球上我只能举起15 kg，在月球上我真是个大力士。
<table><tr><th>在地球上能举起的物体质量/kg</th><th>在月球上能举起的物体质量/kg</th></tr><tr><td>1</td><td>1×6=6</td></tr><tr><td>2</td><td>2×6=12</td></tr><tr><td>3</td><td>3×6=18</td></tr><tr><td>……</td><td>……</td></tr></table>你能用含有字母的式子表示人在月球上能举起的物体质量吗？
x 表示人在地球上能举起的物体质量。
人在月球上能举起的物体质量就是(　　)。
x×6 可以写成 $6x$
省略乘号时，一般把数字写在字母前面。
想一想：式子中的字母可以表示哪些数？
上图中学生在月球上能举起的物体质量是多少？
做一做
根据剪下的长方形纸条的长度计算面积，并完成下表。
3 cm
<table><tr><td>长度/cm</td><td>2</td><td>4</td><td>5.6</td><td>8</td><td>15</td><td>x</td></tr><tr><td>面积/cm²</td><td></td><td></td><td></td><td></td><td></td><td></td></tr></table>53
人民教育出版社</td></tr>
</table>

版本	西师版	北师大版
教材内容		
教材内容		

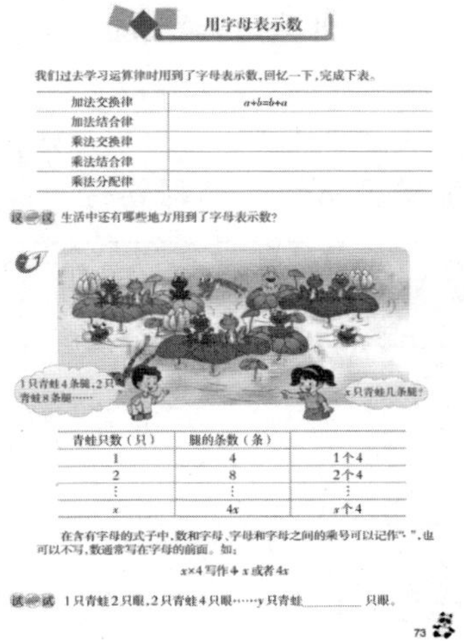

用字母表示数

我们过去学习运算律时用到了字母表示数，回忆一下，完成下表。

加法交换律	$a+b=b+a$
加法结合律	
乘法交换律	
乘法结合律	
乘法分配律	

议一议 生活中还有哪些地方用到了字母表示数？

1

青蛙只数（只）	腿的条数（条）	
1	4	1个4
2	8	2个4
⋮	⋮	⋮
x	$4x$	x个4

在含有字母的式子中，数和字母、字母和字母之间的乘号可以记作“·”，也可以不写，数通常写在字母的前面。如：

$x\times4$ 写作 $4\cdot x$ 或者 $4x$

试一试 1只青蛙2只眼，2只青蛙4只眼……y只青蛙______只眼。

73

五 认识方程

字母表示数

● 用 a 表示青蛙的只数，用字母表示淘气说的儿歌。

● 下面的想法你同意吗？说说你的理由。

● 用字母表示下面的儿歌。

● 说一说生活中什么时候还用到字母表示数。

61

2

（1）当小强9岁、10岁……时，小丽多少岁？

小强9岁时，小丽是9+2=11（岁）；

小强10岁时，小丽是10+2=12（岁）；

⋮

小强 a 岁时，小丽是 $(a+2)$ 岁。

（2）当小强15岁时，小丽多少岁？

小丽年龄是 $a+2=$____$+2=$____（岁）

（3）如果用 b 表示小丽的年龄，小强的年龄与小丽的年龄之间的数量关系可以表示为：

试一试 你还能用字母表示生活中的哪些数量关系？

3 用 S 表示正方体的底面积，V 表示正方体的体积。

“$a\cdot a$”表示两个 a 相乘，可以写成 a^2，读作“a 的平方”。

同样，“$a\cdot a\cdot a$”可以写作 a^3，读作“a 的三次方”或者“a 的立方”。

74

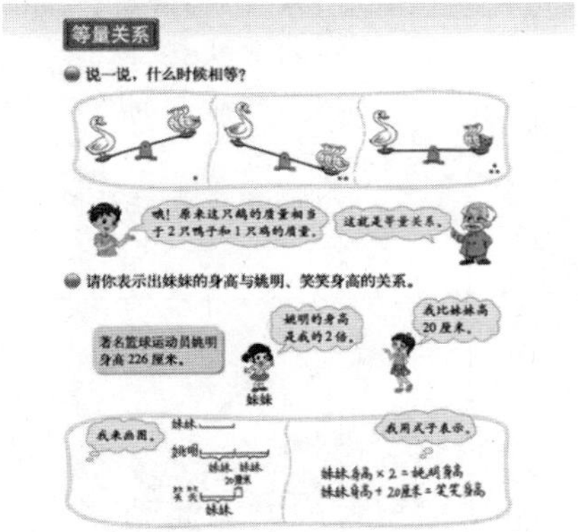

等量关系

● 说一说，什么时候相等？

● 请你表示出妹妹的身高与姚明、笑笑身高的关系。

除相同点以外，四个版本教材还有如下不同点：

一是学习路径不同。借助知识经验还是生活经验开展新知的学习，是否借助“用字母表示未知数的需求”作为认知桥梁是两种学习路径的本质性区别（如表1–5所示）。

表1–5　四个版本“用字母表示数”学习路径

教材版本	学习路径	教材设计
苏教版	借助生活经验展开研究	生活情境：小棒摆三角形 摆1个三角形用3根小棒； 摆2个三角形用小棒的根数是：2×3； 摆3个三角形用小棒的根数是：（　）×3； 摆4个三角形用小棒的根数是：（　）×3； …… 如果用a表示三角形的个数，小棒的根数是（　）×（　）
北师大版		生活情境： 1只青蛙4条腿； 2只青蛙8条腿； 3只青蛙12条腿； …… 用a表示青蛙的只数，用字母表示出这首儿歌
西师版	借助知识经验展开研究	数学情境：回顾过去学习的运算律 加法交换律：$a+b=b+a$ 加法结合律：$(a+b)+c=a+(b+c)$ 乘法交换律：$a\times b=b\times a$ 乘法结合律：$(a\times b)\times c=a\times(b\times c)$ 乘法分配律：$(a+b)\times c=a\times c+b\times c$

教材版本	学习路径	教材设计
人教版	借助知识经验展开研究	数学情境：（1）回顾过去学习的运算律 加法交换律：$a+b=b+a$ 加法结合律：$(a+b)+c=a+(b+c)$ 乘法交换律：$a\times b=b\times a$ 乘法结合律：$(a\times b)\times c=a\times(b\times c)$ 乘法分配律：$(a+b)\times c=a\times c+b\times c$ （2）用字母表示正方形的面积和周长公式（用S表示面积、C表示周长） $S=a^2$　　$C=4a$

苏教版、北师大版：借助生活经验激发学生表达需求从而开展新知学习，在“摆三角形的个数”及“青蛙的眼睛、腿的数量”情境中，感知用字母表示数的价值和现实意义。

人教版、西师版：借助已有知识经验开展新知学习，通过唤醒“用字母可以表示运算律”和“用字母可以表示计算公式”来开启新知探究。

二是问题情境类型分布不同。根据问题情境类型可分为生活问题情境、数学问题情境和其他学科问题情境三种。生活问题情境以学生日常生活为背景，有助于联系学生生活经验。数学问题情境以数学知识和方法为背景，强调知识的衔接和应用。其他学科问题情境是以其他学科为背景，有助于学生体会数学的应用价值。各版本教材在编写时选择了不同类型的问题情境，统计结果如表1–6所示。

表1–6　不同类型问题情境统计

情境类型 \ 教材版本	北师大版	人教版	苏教版	西师版
生活问题情境	2	2	1	3
数学问题情境	1	2	5	3
其他学科问题情境	0	1	1	2

上表结果表明：（1）不同版本教材所选择的问题情境类型略有不同。人教版、苏教版和西师版有三种问题情境，北师大版只有生活问题情境和数学问题情境。（2）不同类型问题情境在不同版本教材中所占比例不同，北师大版主要以生活问题情境为主，苏教版以数学问题情境为主，人教版和西师版以生活问题情境和数学问题情境为主。（3）总体来看，各版本教材主要以数学问题情境为主（共11个），生活问题情境为次（8个），其他学科问题情境较少（4个）。可见各版本教材在编写时所选择的问题情境类型略有不同，但都较重视数学问题情境。

三是问题情境的编排顺序不同。问题情境的编排体现了教材的特点，也是学生认知特点和规律的反映（如表1–7所示）。

表1–7 问题情境编排梳理

教材版本	问题情境的编排
人教版	生活问题情境—数学问题情境
北师大版	生活问题情境—数学问题情境
苏教版	数学问题情境—其他学科问题情境—数学问题情境—生活问题情境—数学问题情境
西师版	数学问题情境—生活问题情境

上表统计结果表明：各版本教材在问题情境的编排上差异较大，人教版和北师大版的编排较为简单，都是以生活问题情境开始，以数学问题情境结束，而苏教版的编排较为复杂，以数学问题情境贯穿始终，生活问题情境和其他学科问题情境穿插其中。

四是问题情境的目的指向不同。教材的编排以知识点为内在逻辑，以问题情境为外在表现，是内隐和外显的统一。知识点以问题情境为载体，恰当的问题情境更有助于学生对知识的理解和类比迁移，因此什么知识点配套什么样的问题情境就显得尤为重要。表1–8统计了各版本教材的个性化编写特点。

表1-8　四个版本教材问题情境编写特点

教材版本	用字母表示数的必要性	用字母表示数	含字母的式子的意义（范围）	含字母的式子的写法	求值
北师大版	《数青蛙》儿歌	《数青蛙》儿歌；年龄问题；正方形周长和面积问题	《数青蛙》儿歌	《数青蛙》儿歌；正方形的周长；正方形的面积	
人教版	运算律	年龄问题；运算律；月球上的举重问题；正方形周长和面积问题	年龄问题；月球上的举重问题；正方形周长和面积问题	月球上的举重问题；运算律；正方形周长和面积问题	月球上的举重问题；正方形周长和面积问题
苏教版	用小木棒摆三角形问题	用小木棒摆三角形问题；路程问题；用小木棒摆三角形组合图形问题；冷水壶剩余橙汁问题；三角形的面积问题；用小木棒摆三角形和正方形组合图形的问题	用小木棒摆三角形问题；路程问题	正方形的周长和面积问题	路程问题；用小木棒摆三角形组合图形问题；冷水壶剩余橙汁问题；三角形的面积问题；用小木棒摆三角形和正方形组合图形的问题
西师版	《数青蛙》儿歌	字母表示运算律；《数青蛙》儿歌；字母表示公式	年龄问题	字母表示公式	年龄问题

分析上表可知：（1）各个版本主要知识点基本一致。四个版本都有用字母表示数的必要性、用字母表示数的意义和范围、用字母表示数的写法几个关键知识点。除北师大版外，其他版本还有求值的内容。（2）各版本教材知识点所对应的问题情境各有侧重。苏教版侧重于求值，其中大部分案例都会涉及求值的问题，人教版教材则更强调意义的理解。

二、四个版本教材用字母表示数的设计及对比分析

（一）编排思路方面

四个版本教材都是从具体情境开始，引导学生经历探索、推理、抽象等过程，学习用字母表示数的必要性、用字母表示数的概念及用字母表示数的意义、写法等。各版本教材对于“用字母表示数”相关内容的编排也基本一致，都有前期孕伏渗透阶段、中期建构阶段、最后延伸发展阶段。

（二）数学思想方法方面

各版本教材的设计都非常注重对学生符号意识、函数思想、模型思想等方面的培养，且在内容上都体现出螺旋上升的层次性。先是利用含有简单数量关系的具体情境引出用字母表示数，唤醒学生的知识经验，调动学生对用字母表示数的好奇心和求知欲，培养符号意识；而后通过稍复杂的数量关系情境，渗透变与不变的数量关系，帮助学生发展函数思想；最后通过迁移应用，用字母表示数量关系并列方程，渗透模型思想。

三、用字母表示数单元知识纵向贯通结构

（一）各版本教材用字母表示数内容安排时间

从四个版本教材有关用字母表示数的内容安排纵向时间线来看（如表1–9所示），最早安排在四年级下册学习，最晚安排在五年级下册学

表1–9　四个版本教材用字母表示数内容安排时间

年级	四下	五上	五下
苏教版		用字母表示数	方程
人教版		简易方程： 用字母表示数	
北师大版	认识方程：用字母表示数		
西师版			方程：用字母表示数

习，完全符合课程标准学段目标的具体要求。北师大版将这部分内容安排在四下，苏教版和人教版则安排在五上，只有西师版将这部分内容安排在五下。除了苏教版将用字母表示数单独列为一个学习单元外，其余版本的教材都将用字母表示数安排在了方程单元中学习。

苏教版和人教版对用字母表示数的内容安排基本是一致的，按照认知难易程度依次安排教学用字母表示数、数量、数量关系、运算律、计算公式、化简以及求值等，且课时量分别是4课时和5课时。北师大版和西师版在内容上的安排是一致的，都是以学生熟悉的儿歌为问题情境引入学习，内容都包括用字母表示数、数量、数量关系、运算律、计算公式等，且都没有单独安排含有字母的式子的化简，区别是西师版将这些内容分为了3课时分别教学，而北师大版将这些内容浓缩在了1课时进行教学，再安排了1课时练习巩固（如表1-10所示）。

表1-10　“用字母表示数”单元教材内容安排

版本 课时	苏教版	人教版	北师大版	西师版
第一课时	用字母表示数（1）	用字母表示数	用字母表示数	用字母表示数（1）
第二课时	用字母表示数（2）	用字母表示运算定律、计算公式	练习	用字母表示数（2）
第三课时	练习	用字母表示两步运算的数量关系		用字母表示数（3）
第四课时	化简含有字母的式子	用含有字母的式子表示数量关系和化简		
第五课时	练习			

苏教版与人教版无论从内容安排还是知识顺序、逻辑推进等编排设计都最为接近，但是人教版是将用字母表示数作为方程单元的种子课，苏教版是将用字母表示数单独作为一个单元教学。北师大版安排的课时

量最少，偏重于后续方程的教学。

（二）纵向贯通结构对比分析的教学启示

“用字母表示数”属于数与代数领域中“简易方程”的教学内容。《课程标准（2022年版）》在第三学段数量关系的“内容要求”中指出：“在具体情境中，探索用字母表示事物的关系、性质和规律的方法，感悟用字母表示的一般性。”因此，从内容要求的角度分析，课标强调过程目标的达成，对于“用字母表示事物的关系、性质和规律的方法”这一过程目标，要求达到第四层次水平“探索”，对于“用字母表示的一般性”这一过程目标，要求达到第三层次水平“感悟”。同时，在“学业要求”中指出：“能在具体情境中，用字母或含有字母的式子表示数量之间的关系、性质和规律，感悟用字母表示具有一般性。”因此，从学业要求的角度分析，课标强调结果目标和过程目标同时达成，对于“用字母或含有字母的式子表示数量之间的关系、性质和规律”这一结果目标，要求达到第三层次水平“能”（即掌握），对于“用字母表示具有一般性”这一过程目标，要求达到第三层次水平“感悟”。

从四个版本教材对“用字母表示数”的内容设计和安排来看，无论哪一版本的教材，都是希望学生能够从实例中感受用字母表示数、数量关系的简洁性、概括性，知道用含有字母的式子既可以表示结果也可以表示过程（数量关系），在此基础之上，展开方程的教学。而从内容的引入方式来看，各版本均设计了学生熟知的真实情境，无论是生活情境还是知识情境，帮助学生体悟从“具体”走向“一般”的代数思维形成过程。因此，根据课标的要求，我们在开展“用字母表示数”的学习时，要设计合理的具体情境，提供大量贴近学生自身实际的感性材料，使得学生能有充足的时空去感悟和体悟，同时给学生搭好相应的认知阶梯，引导学生会用字母或含有字母的式子表达实际情境中的数量关系、性质和规律，让学生体验含有字母的式子的意义，从中体会它的价值和意义，促使学生建立用字母表示数的观念，形成初步的符号意识和代数思维。这样设计既符合课标学习内容的要求，也为下一阶段学习方程打好基础。

四个版本都将用字母表示数的内容安排在了学生已经学习过用图形表示数、用字母表示运算定律、用字母表示面积或周长公式、找规律以及一定生活经验的基础上进行教学的。所安排的例题内容层层递进，逐步让学生体会用字母不仅可以表示一个特定的含义、一个具体的数字，还可以表示一类数、未知的数，进一步体会含有未知数的式子也可以表示一个数量，同时还可以表示两个量之间的关系。

第五节 用字母表示数的知识结构图

一、用字母表示数的课时知识结构（如图1-3所示）

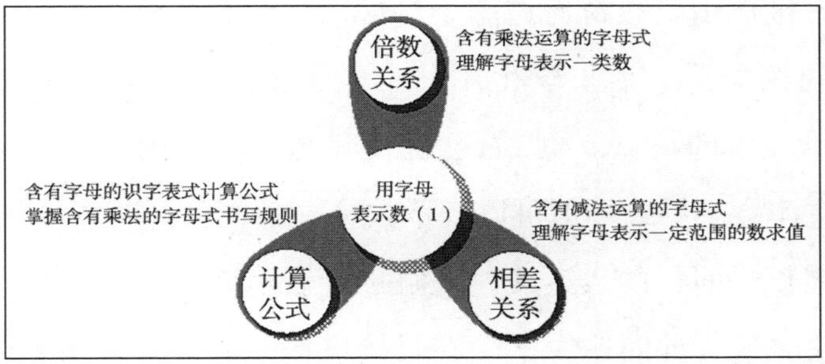

图1-3 “用字母表示数”的课时知识结构图

（一）课时内容的宏观关联结构分析

1. 课时内容与单元内容的关联结构分析

如果把课时内容看作一个点，那么单元内容就是一条线。“点动成线，点线相连。”因此教师要理清课时内容在本单元中的前沿后续，充分认识课时内容在本单元的作用和价值，看到课时递进的层次和关联，形成单元整体结构。例如，苏教版《数学》五年级上册第八单元第一课时“用字母表示数”与单元内容的关联性分析如表1-11所示：

表1-11　“用字母表示数”课时内容与单元内容的关联结构分析

例题	内容	关联分析
例1	教学含有一步乘法的字母式	联系具体的“摆小棒”操作情境和已有知识经验类比推理出含有字母的式子，体会用字母表示数的概括性和不确定性
例2	教学含有一步减法的字母式	结合具体问题情境，根据已有的数量关系经验，通过对数量关系的思考，在上一例题基础上，列出含有字母的式子表示数量和数量关系，同时感受用字母表示数既有概括性和不确定性，也有具体性和确定性
例3	用字母表示计算公式用字母表示数的书写规则	结合已有的知识经验，用含有字母的式子概括出周长和面积计算公式，体会字母式的简洁性和必要性

从表中我们不难发现，例1是整个单元内容的基础，在整个单元学习中起着统摄作用。教材通过用小棒摆三角形，观察三角形的个数和小棒根数之间的关系，启发学生用一个式子来表示，从而引出用字母表示数、数量关系的特点。例2通过行程问题让学生用字母表示“剩下路程”，再次体会字母式不但可以表示数量关系，也可以表示结果。例3通过正方形周长、面积的表达式，理解字母表示数量关系过程中一些特定的简写方法。这一课时中，学生在具体操作经验中理解用字母表示数的方法，会用含有字母的式子表示数量、数量关系和计算公式，会求含有字母的简单式子的值。后面几课时的学习内容都是通过以“摆小棒”为问题情境的例题展开学习，是例1学习内容的自然递进，并在问题解决中实现拓展延伸。

2. 课时内容与领域内容的关联结构分析

如果把课时内容和单元内容看作点线关系，那么课时内容与领域内容就可以看作点与面的关系。在这里，我们要用整体关联的眼光看待课时内容，不仅要分析课时内容与本领域的关联，还要分析课时内容和数学相关领域的关联。例如我们在学习五年级上册“用字母表示数”时，不仅是为五年级下册的“方程”、六年级下册“正、反比例”的学习奠定基础，还要以一至四年级学生已经接触过的数学符号、数量关系、运算律、面积公式等为基础。在学习用字母表示数时，就是从用字母表示数和数量关系展开的，前期引入的数学符号和初步的代数知识就是学习用字母表示数的基础（如图1–4所示）。

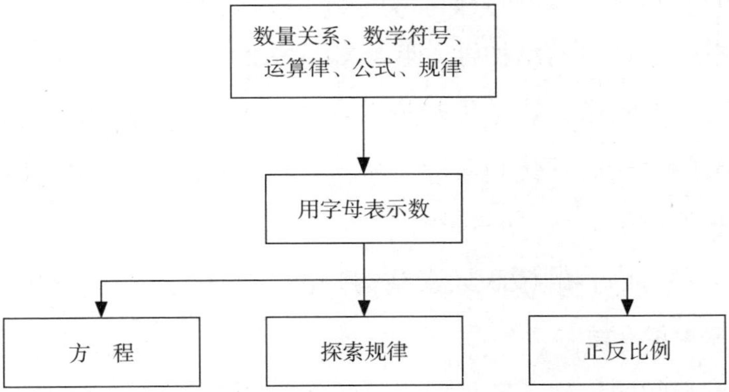

图1–4　“用字母表示数”课时内容与领域内容关联结构图

本课时详细介绍了用字母表示倍数关系和相差关系的式子、用字母表示计算公式，引导学生经历具体的探究、推理、表达的学习过程，理解为什么用字母表示数，怎么用字母表示数，用字母表示数的意义，这是发展学生代数思维和后续相关内容学习的基础。

3. 课时内容与学科外内容的关联结构分析

陶行知先生曾说“生活即教育”“社会即学校”“教学做合一”。在数学学习中，我们不仅要看到课时内容与单元内容、领域内容之间的关联，即学科内的知识结构关联；还要看到课时内容与学科外其他学科知识结构，乃至学生整个生活世界的结构关联，将课时内容置于学生广阔的生活世界里来进行结构化学习设计，让课时内容真正站立起来，不断丰盈起来。

例如，我们在学习“用字母表示数”时，不仅要看到它与数与代数领域知识的结构性关联，如在探索积的变化规律或商不变的规律的过程中，可以先让学生认识到在什么情况下积或商不发生变化，在什么情况下积或商发生变化，是怎样变化的，注意渗透变化与对应思想。当学生理解这些变化规律后，可以用字母表示变化规律。还要看到它与“图形与几何”“概率与统计”等数学领域的结构性关联，如教学长方形、正方形的周长和面积时，可以让学生理解“当长方形长加宽的和一定时或当长方形的面积一定时，长与宽之间相应的变化关系”。尤其是要看到与学生日常生活世界的结构性关联，如“总价、单价与数量”这些生活常用数量之间的关系，让学生初步发现“其中一个数量确定时，另外两个数量之间所存在的变化和对应关系”，这是需要我们进一步深入研究与实践的重要内容。

（二）课时内容的微观元素结构分析

1. 课时知识点结构

数学核心问题体现了知识的本质，包含了数学教学中的重点难点。研究教材、发掘知识的本质以及明确教学中的重点难点，是提炼核心问题之前最重要的准备工作。从教材入手，研究和分析教材文本中的各类信息，才能准确捕捉教材中的知识本质。只有掌握了知识的本质才能够明确教学的重点难点，从而使提炼的核心问题更加精准。“用字母表示数”第一课时要求结合具体情境初步理解用字母表示数的含义，不仅需要学生正确理解用字母表示数的含义，而且需要联系已有学习经验，在充分感知的基础上逐步加以体会用字母表示数的意义和价值。

“用字母表示数”虽然是学生第一次正式学习代数式，但是在以往的学习中经常会用到数学符号，所以大部分学生对于字母是比较熟悉的，并且已经具备相关用字母表示数的学习经验。“用字母表示数”第一课时有三个例题，例题1中摆小棒的活动，让学生感受用字母表示数的含义和价值，并引导学生思考“a可以表示哪些数？”从已有的操作经验入手，进而引导学生充分经历用字母表示数的过程。创设问题情境，根据摆1个三角形用3根小棒，写出摆2个三角形所用小棒的根数。接下来让学生写出摆3个、4个三角形所用的小棒根数，再写出摆a个三角形所用小棒的根数。让学生从2个、3个、4个……实例中正确理解数量关系，并通过类比推理写出摆a个三角形用小棒根数的式子。

例题2用文字叙述了已经行驶的路程、剩下的路程和总路程之间的相差关系，引导学生思考如何用含有字母的式子来表示已经行驶的路程、剩下的路程和总路程之间的关系。学生在写出$280-b$时，可能是根据前两个算式的类推，也可能是根据剩下的路程和已经行驶的路程及总路程之间的数量关系进行的思考。这样就满足了不同学生思维水平的发展，并逐步形成或适应终身发展需要的核心素养。两个例题的知识结构（如图1–5所示）：

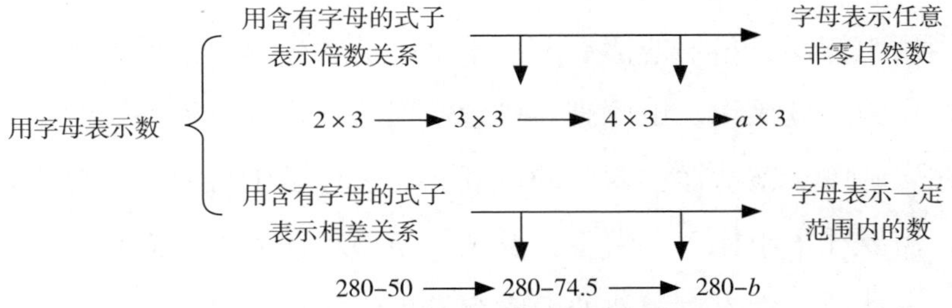

图1–5　“用字母表示数”例题知识结构图

最终学生在了解用字母表示数的本质和过程后，就能够对用字母表示数的价值有一定的认识，进一步认识用字母表示以往已经学过的计算公式和书写规则等，将学生的思维由具体算术思维发展到初步的抽象代数思维。

2. 课时内容与学生认知过程

APOS理论认为，学生学习数学概念要进行心理建构，此建构过程需经历“操作或活动（Action）”—“过程（Process）”—“对象（Object）”—“图式（Schema）”等四个阶段。

数学教学是数学活动的教学。数学概念的形成最初要经历从直观到抽象的活动过程，这正是“操作或活动”阶段的要义。在该阶段中，操作活动将使学生受到外部刺激，外部刺激主要分为情境和操作方式这两个方面。情境包含生活情境、数学情境等；操作方式不仅包括外在的操作活动，还包括内在的思维活动，如回忆、猜想、判断、计算等。在活动阶段，课件依次呈现三角形的个数，引导学生多次经历观察、思考、计算等直观操作活动。在活动中体会三角形形状不变是源于小棒根数与三角形个数的稳定关系。在多次活动中剥离直观属性，逐步形成小棒的根数与三角形个数关系的思维表象。在本环节中，教师先组织学生观察摆几个三角形与所需小棒根数的关系，极大地激发了他们的学习兴趣，将已有学习经验与新授数学知识建立连接。待教师揭示课题后，进一步引导学生思考“a可以表示哪些数”，将他们的真实想法与教学目标进行衔接，使新知学习成为学生的内在需要，从而助力实现深度学习。

当用小棒摆三角形的活动多次重复，被学生熟悉之后，操作活动就可以内化为心理操作，由此进入概念学习的“过程”阶段，学生可以自如地在大脑中实施“摆小棒”的过程。通过让学生自由说“想摆几个三角形，需要几根小棒”，学生会发现三角形越摆越多，而且怎么摆也摆不完，自然引发学生对规律的探索和发现。再通过独立思考、小组交流等教学策略，学生体会用字母式既可以表示变化的数又可以表示数量关系的双重性。

“对象”阶段是对字母式的形式化表述。随着教学过程的不断深入，学生对用字母表示数的认识已逐步达到抽象符号化的程度。在对象阶段，当学生对字母式的概念形成表象时，进一步安排用文字叙述的包含已经行驶的路程、剩下的路程和总路程之间的相差关系的问题情境，通过让学生观察当总路程一定时，行驶的路程和剩下的路程之间的变化，在脑中自然抽象出对应数量关系模型。

经过师生共同探讨，用字母式表征出两个数量之间的关系，在无形中体验字母式的“关系”内涵和形成过程。将对象进一步深化为符号的抽象运算，加强对概念的理解，对字母式的理解上升为结构化对象。教学进入“图式”阶段，教师组织学生运用含有字母的式子表达计算公式和利用简写规则来省略乘号，学生在头脑中已建立起相对完整的心理表征。通过联系实例，引导学生对字母式进行综合运用，深化其对“用字母表示数”概念的认知，逐步实现模型建立，概念同化，完善知识体系（如图1–6所示）。

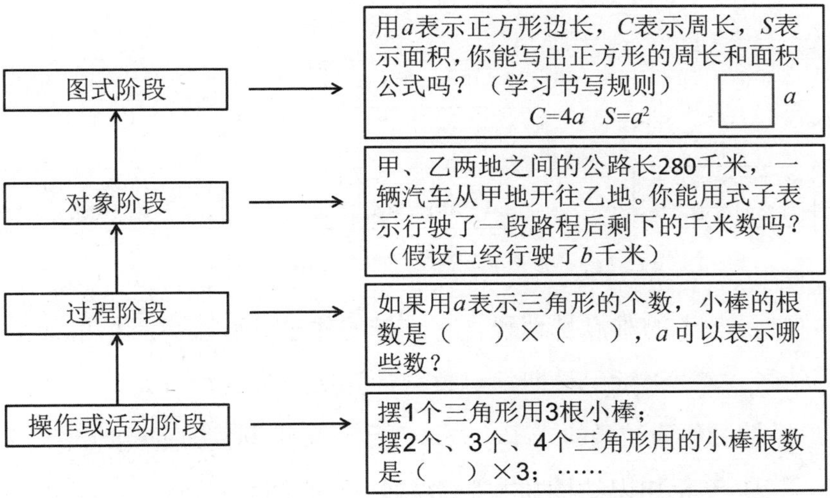

图1–6 “用字母表示数”学习的认知过程

上述层次是逐层包裹的，学生要充分理解用字母表示数的意义，必须一层一层地把表皮剥掉，特别是要在“操作或活动”阶段打下良好的基础，在“过程”阶段突破难点，并在“对象”和“图式”阶段完成对概念理解的深化。

二、用字母表示数的单元知识结构

（一）单元知识结构

本单元一共安排七道例题，都围绕“用字母表示数”来展开。例1、例2教学用字母表示一步计算的数量关系，例3用字母表示正方形周长公式和含有字母的乘法式子的书写规则，例4用字母表示两步计算的数量关系，例5已知字母的值，求含有字母的式子的值，例6写出字母表示的公式，把字母表示的数量代入公式，算出式子的值，例7用字母表示两积之和或两积之差，并化简字母式。

本单元内容基本结构（如图1–7所示）：

本单元教学的重点是理解字母既可用来表示不变的数量，又可用来表示变化的数量；既可用来表示已知的数量，又可用来表示未知的数量。因为只有真正建立上述理解，才能准确把握用字母表示数的意义和价值。

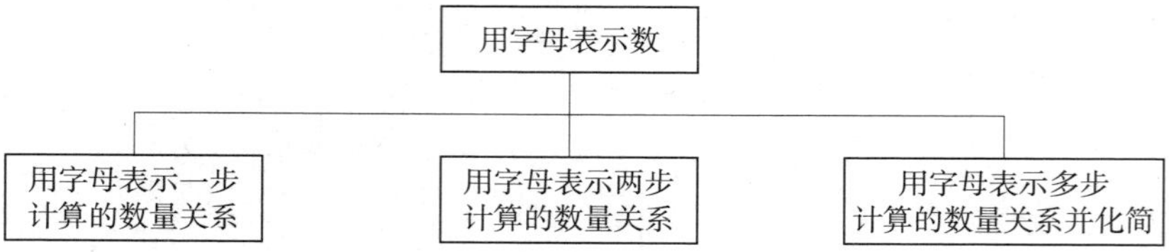

图1–7　“用字母表示数”单元内容基本结构

本单元教学的难点是理解含有字母的式子既可以表示结果，又可以表示关系。这源于学生长期学习数与计算所形成的思维定势，使得他们不大愿意接受作为结果的式子，这涉及数学思维方式的重要转折。

（二）单元知识结构与本册教材的序列关联

本单元内容位于本册教材的第八单元，纵观本册教材一共九个单元的知识内容，在跨领域单元融合中整理相关序列关联（如图1–8所示）。

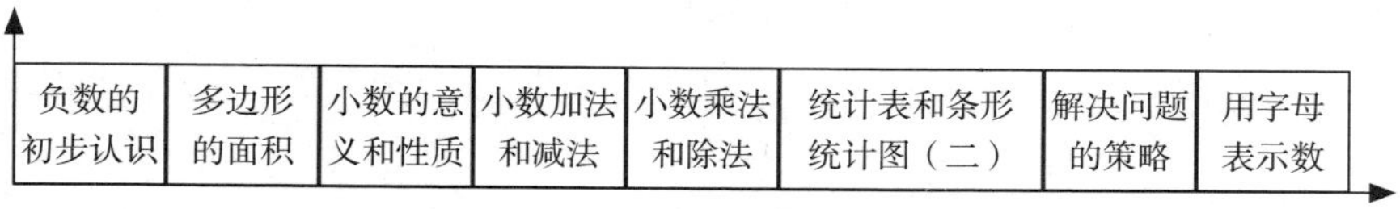

图1–8　与“用字母表示数”关联的教材知识序列

《课程标准（2022年版）》中提到：“在具体情境中，探索用字母表示事物的关系、性质和规律的方法，感悟用字母表示的一般性。”五年级学生对用字母表示数已经具备一定的知识经验和生活经验，但大多停留在用字母“代替”某个数的层面，用字母表示“一类已知的或未知的数”便成了抽象的存在，让学生难以理解。

英国的CSMS小组曾经对3000名13岁～15岁的学生做过调查研究，区分出学生使用字母的六个水平：（1）给字母赋值。一开始就要用数值来代替字母表示。（2）忽视字母的意义。字母被忽略掉，或者只承认它，但不给它任何含义。（3）视字母为具体对象。字母是具体对象的表示记号，或者就是对象本身。（4）视字母为特定的未知数。字母是一个特殊的未知量，可以对它进行计算。（5）视字母为广义的数。字母可以代表几个数，且不一定是未知量。（6）视字母为变量。

学生在以前的数学学习中获得的字母运用的经验主要有三种情况：其一，一些单位和数量用字母表示，像kg表示千克、cm表示厘米、h表示高、t表示时间等，都是有关词语的单词的缩写表示，不是代数学上的符号表示；其二，用z表示未知数，即用字母表示特定的未知量，也不是新知的意义；其三，在运算律和面积计算的学习中用字母表示运算律和面积计算公式。总之，学生在以前的数学学习中，对字母的运用主要停留在“缩写代数”阶段。用字母表示数的新意义要进入学生已有的认知结构，字母运用的原有经验是必经的节点。学生的认识要实现飞跃，就必须对用字母表示数的新意义和旧经验之间的区别有清楚的认识，不然就不可能实现真正的理解。教材创设多种情境引导学生经历用字母表示数的过程，在正视孩子们已有数学学习经验的基础上，注重意义建构，让学生在情境中类比推理、发现创造，逐步将对用字母表示数的认知从“缩写代数”发展为“符号代数”。

在苏教版《义务教育教科书数学·五年级上册》教材中还可以看出，多边形的面积单元中含有用字母表示的计算公式，为后续学习作了孕伏。小数的学习也为用字母表示数的求值部分和字母的取值范围作了准备。

三、用字母表示数的小学阶段知识结构

用字母表示数是数与代数领域的重要内容，是学生在小学阶段正式学习初等代数的开端，“用字母表示数”在数学发展史上具有里程碑的意义，它在人类数学思维（化繁为简、以简驭繁）中具有十分突出的表

现。《课程标准（2022年版）》中针对用字母表示数的学习内容提出了明确要求："在具体情境中，探索用字母表示事物的关系、性质和规律的方法，感悟用字母表示的一般性""形成初步的代数思维"。学生在以前的数学学习中已有粗浅的字母运用的经验，但更多经历的都是用字母替代的过程，而不是逐渐抽象的过程，对字母的认知并没有从算术思维发展到代数思维。

教材的知识结构影响着知识展开的方式。从结构的视角去整理知识的整体状态，让学生在知识的有机联系中学习，不仅要整理和"用字母表示数"相关的课时安排，还要梳理苏教版小学阶段教材中有关"用字母表示数"内容的前沿和后续（如图1–9所示）。

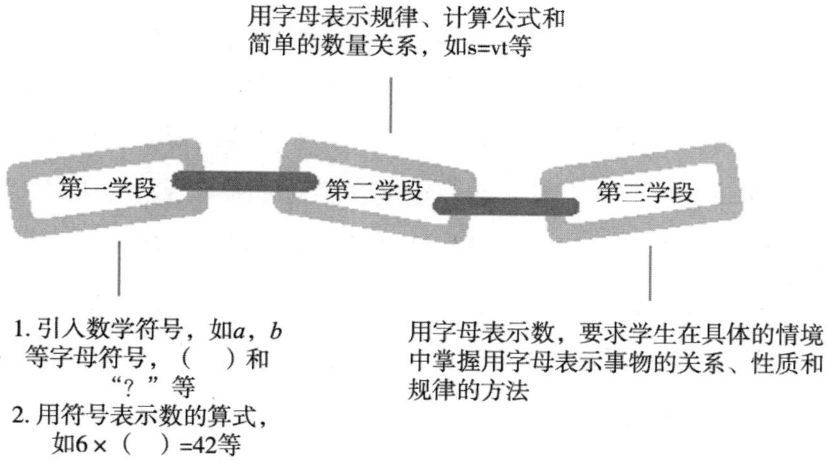

图1–9 与"用字母表示数"关联的教材知识序列

用字母表示数的认识，苏教版教材大体安排了以下几个阶段：

"前渗透"阶段。在苏教版第一学段和第二学段小学数学教材中，根据学生的认知特点，苏教版小学数学教材引入了多种符号，其中"*a*""*b*""*x*""*y*""*z*""（ ）""□"和"？"等符号为感受初步的代数知识打下了基础。同时，这些符号的引入和学习也为学生逐步建立符号意识打下了基础。学生在学习加、减法和乘、除法的意义时，就已经接触了诸如“9+（ ）=15”“（ ）×5=20”等形式的练习，初步体会到已知与未知之间的相等关系。而学习长方形、正方形等平面图形的面积计算时，用字母来表达这些面积计算公式，以及教学加法和乘法的运算定律，用字母来表示各运算定律，则为接触初步代数知识提前作了孕伏。简单实际问题中如“速度、时间、路程”等常用数量关系的认识和理解也是帮助学生深入学习初步代数知识的重要前提。

“系统建构”阶段。五年级上册开始安排对“用字母表示数”的系统认知，“用字母表示数”是式与方程的基础内容，是学习数学符号，学会用符号表示具体情境中隐含的数量关系和变化规律的重要一步。首先要会用字母表示数，联系学生熟悉的现象与数量关系，先写出只有一个运算符号的式子，然后写出有两个或三个运算符号的式子。其次要理解字母所表示的数，教材中特别注意让学生联系现实情境，体会在含有字母的式子里，字母所能表示的数。结合第一学段和第二学段对符号的初步感知，学习用字母表示数的方法、意义、化简、求值等系统概念知识。

“拓展延伸”阶段。“用字母表示数”的教学还要引导学生学会运用符号表示变化规律，知道使用符号可以进行运算和推理，得到的结论具有一般性。教材在教学“用字母表示数”后，安排了“钉子板上的多边形”这一探索规律的主题活动，教材先引导学生探索多边形内只有1枚钉子的面积计算规律，这种情况相对容易发现规律。在探索规律的过程中，要通过对比观察，发现这些多边形之所以有这一规律，是因为多边形内只有1枚钉子，初步感受研究的规律不仅和多边形边上的钉子数有关，还和多边形内的钉子数有关，进而迁移探索多边形内有2枚钉子、3枚钉子、4枚钉子等情况。在探索多边形内有2枚钉子的情况时，要注意将学生探索出的表示规律的多种算式引导到基本算式上，并学会用字母表示。最后是回顾反思探索过程，引导学生体会用含有字母的式子表示规律，能使规律简明易懂，同时也增强了学生的符号意识。

整体关联知识结构对教学的启示体现在三个方面。

1. 注重对代数思维的培养

我国著名数学家吴文俊教授说："对于'鸡兔同笼'之类的许多四则难题，你若用代数方法来做，就会变得非常容易；更重要的是，尽管这些四则难题制造了许许多多的奇招怪招，但是你跑不远，更不能腾飞。可是只要一引进代数方法，平平淡淡的你就可以很容易地把题解出来了。每一个人都可以做，而且他可以腾飞，可以飞得很高、很远……四则难题用代数取而代之，这是完全正确的，对于数学教育这是非常重要的。"小学生初步接触一点代数知识，能使学生摆脱算术思维方法中的某些局限性，降低算术思路容易形成的思维定势，为初中开始系统学习代数知识做好认知准备。在教学例题时，在研究三角形的个数与小棒的根数关系时，学生依次想到1、2、3……一直到用a来代替三角形的个数。同样，小棒的根数依次对应3、6、9……教师帮助学生实现"从具体走向概括"的认知建构。接着，引导学生说出a可以表示1、2、3等，对应小棒根数3、6、9等，帮助学生形成"用概括表达具体"的认知建构。"从具体走向概括""用概括表达具体"，帮助学生跳出"具体"，走向"概括"，即将所有的具体情况进行概括性表达，形成代数思维。

2. 丰富情境，加深学习体验

抽象的代数式需要有直观的学材、多类型情境的支撑才能让学生真正建立并发展代数思维。除了利用教材提供的摆小棒的情境、路程情境、倒果汁情境等，教师还要结合学情，根据学生的需要，开发、使用利于学生感知和理解的情境，促进学生跳出"具体"走向"一般"，有利于学生形成结构化的概念意象，促进学生深入地、整体性地理解用字母表示数的概念，这种做法也培养了学生的抽象思维，让学生体会数形结合、变与不变等数学思想，提高深层思考能力。

3. 关注概念的有效建构

用字母表示数概念的形成既需要情境与学材的支持，也需要及时有效地进行数学抽象，这一过程需要进行整体性推进。在初步认识概念的时候，应尽可能地把学材以动态化、趣味性、探究性的形式呈现，激活学生的数学思维。在理解、建立概念的阶段，让学生能够把直观化、半抽象的数学学材操作起来，在手脑并用的过程中，丰富感性经验，并由表及里地理解概念本质。当学生通过上述步骤在脑海中形成了对概念的一定具象感知之后，就要及时帮助学生进行抽象化的概念理解，通过实际运用提升数学思维能力。

第六节　用字母表示数的教学目标要求

一、用字母表示数的阶段教学目标

（一）阶段教学整体分析

学生经过整数和小数等知识的学习，理解了四则运算的意义，认识了常见数量关系，掌握了加法和乘法的运算律，减法和除法的性质，以及简单平面图形的周长和计算方法，这些都是本单元教学用字母表示数必不可少的知识基础。通过用字母表示数，用含有字母的式子表示数量、数量关系、运算律和各种公式，能更加概括性地对这些知识进行理解和表达，从而发展数学思维，为以后教学方程做些准备。本单元用字母表示数需要帮助学生自己得出含有字母的式子，由于学生已经掌握了写出式子需要的数量关系和对字母符号有了一定的感知，加上学生的思维尚处于直观形象思维向抽象逻辑思维过渡的阶段，因此教学时需创设直观情境，形象地显示出数量关系，从而引导学生写出含有字母的式子，体会字母的“概括性”“抽象性”等特征，发展代数思维。

（二）从四个维度看单元教学目标

基于《义务教育教科书教师教学用书》（以下简称《教师教学用书》），从四个维度来看，我们将阶段教学目标分解如下：

1. 知识技能方面

使学生初步理解并学会用字母表示数，会用含有字母的式子表示数量、数量关系和计算公式；初步学会根据字母所取的值，求简单的含有字母式子的值；会化简形如“$ax \pm bx$”的式子。

2. 数学思考方面

在探索现实世界数量关系的过程中，体验用字母表示数的简明性，培养符号意识；培养学生的数学意识，渗透归纳猜想等数学思想；借助生活实例，体会用字母表示数的必要性和重要性；在具体情境中能利用字母表示数进行表达和交流，知道字母表示的不同取值范围。

3. 问题解决方面

使学生能在用字母表示数的探究活动中，初步学会合作交流，学会在交流中不断完善自身的思考，逐步增强合作交流的意识，提高解决问题的能力。

4. 情感态度方面

使学生在运用简单符号语言进行表达和交流的过程中，进一步体会数学与实际生活的联系，感受数学表达方式的严谨性、概括性和简洁性，增强对数学的好奇心和求知欲。感受数学的简约之美，感受数学文化。

（三）阶段教学建议

基于《教师教学用书》并结合以上分析，对阶段教学提出如下建议：

1. 合理安排教学内容

小学阶段，学生的思维从以具体形象思维为主向以抽象逻辑思维为主过渡，其抽象逻辑思维在很大程度上仍与感性经验直接相联系。为了便于学生利用已有知识经验完成用字母表示数这一认识上的飞跃，应提供便于学生体验和探究的问题情境，激活学生已经积淀的算术层面对数量关系的理解，支撑学生在代数层面对数量关系的理解。

2. 重点关注学生体验

重视帮助学生感受用字母表示数的必要性，完整经历从具体到概括，再从概括到具体的认识过程。从学生熟悉的生活中选择一些典型的数量关系，先让学生从具体感知或实际问题开始，利用数量关系列出算式，再通过改变具体的数量，引入用字母表示其中的数，抽象成相应的字母式子，完成数学化的过程。

3. 恰当组织教学形式

给学生提供探索和交流的机会，不断丰富学生的学习方式，引导学生用数学的语言表达现实世界，可以侧重于引导学生在熟悉的问题情境中自主探索、合作交流，选择富有个性的方法解决问题。当然这样的教学组织与安排，是建立在对学生现阶段生活经验、认知水平和知识建构方式了解的基础上的，是符合学生的认知规律的。

二、用字母表示数的课时教学目标

（一）课时教学整体分析

“用字母表示数”是五年级数与代数领域的内容。本节课教学是数与代数中一个比较重要的内容，是发展学生代数思维的起始课，也是学生后续学习方程知识的基础。

课标明确提出要创设具体的情境，让学生在实际情境中探索事物之间的关系、性质和规律的方法，从而产生表达的需求。不同的学生思维方式方法不同，表征的形式也有所不同，学生可以在对比、交流中感受不同表征方式之间的异同，从文字表征到图形表征再到字母符号表征，在逐步抽象的过程中，体会字母表示的简洁性和一般性。

通过用字母表示数、数量关系、规律和性质等，帮助学生形成符号意识；在探索数量关系、性质、规律等过程中，学生能够借助字母表达式进行适当的合情推理、演绎推理，培养学生的推理意识；在解决实际问题的过程中，学生能够用字母或含有字母的式子进行表达，培养学生初步的应用意识。

苏教版教材安排这部分内容，是在学生认识许多简单数量关系，接触过一些字母式子如计算公式、运算律的基础上进行的。教材安排遵循知识的形成过程和学生的认知发展规律，先让学生理解用字母可以表示数，并学习用含有字母的式子表示简单的数量、数量关系和计算公式；再联系一些稍复杂的数学问题，引导学生进一步学习用含有字母的式子表示稍复杂的数量、数量关系和计算公式，接着学习化简形如“$ax \pm bx$”这样含有字母的式子，既初步涉及代数式运算，又为后续学习解方程做准备。

（二）从四个维度看课时教学目标

基于《教师教学用书》，从四个维度来看，我们将课时教学目标分解如下：

1. 知识技能方面

学生初步理解用字母表示数的方法，会用含有字母的式子表示简单的数量关系和计算公式，会根据字母所取的值求相关算式的值。

2. 数学思考方面

学生经历用含有字母的式子表示简单的数量关系和计算公式的过程，进一步体会数学的抽象性与概括性，发展符号意识，感悟代数思想。

3. 问题解决方面

使学生在理解和应用知识的过程中，学会合作交流，提高解决问题的能力。

4. 情感态度方面

在运用简单符号语言进行表达和交流过程中，体会数学与实际问题的密切联系，感受数学表达的严谨性、概括性和简洁性。

（三）课时教学建议

基于《教师教学用书》并结合以上分析，对课时教学提出如下建议：

1. 情境性原则

含有字母的式子通常依靠数量关系写出，清楚的数量关系在这里起着十分关键的作用。因此，问题的呈现需要依托于包含明显数量关系的情境。在进行本课教学时，教师可以采用教材中的摆小棒情境，先是明白摆几个三角形需要几个3，这里的“几个3”就是数量关系，接着探究用什么式子能简洁、概括地表达出这样的数量关系。让学生感受到两个量之间关系及其从具体到一般的抽象过程，感受数量关系符号化的过程，体会符号的简洁性和优越性。

2. 探究性原则

由于数学概念比较抽象，概念的建构过程处理不当，很容易把一节课上得零零碎碎，课堂问题小而多，留给学生的思考空间可想而知。比如教学过程中，当出示“摆一个三角形需要三根小棒，摆两个三角形需要六根小棒……”之后可以设计一个开放式的探究活动“你还能像这样继续摆吗？比一比谁摆得多、摆得好？”这一活动充分调动学生已有生活经验和认知经验，激发学生直觉思维，唤醒学生主动进入学习状态，在对比不同作品过程中，体会用字母表示的简洁性、概括性，也为后续理解“字母表示数量关系”埋下伏笔。

3. 启发性原则

课堂中可以通过学生不同的作品看清学生的思维方式，看出学生思考过程中产生的疑惑和问题，让所有的学生进行探讨与交流，从而激发学生的深度思考，帮助学生对“用字母表示数”的认识从模糊到清晰，推动学生的思维发展。本课是学习用字母表示数的第一课，学生第一次接触用字母表示数，在教学本课时内容时，教师可以给学生提供熟知的、典型的、直观的问题情境，引导学生用含有字母的式子概括表达其中的数量关系，让学生体会到用字母表示数的简洁性、概括性。当学生体会到含有字母的式子能表示数量关系后，进一步引导学生直接根据数量关系列出含有字母的式子，并体悟字母能表示一类数。学生经历“具体—概括—具体”的学习过程，主动建构用字母表示数的概念意义，实现从算术思维到代数思维的飞跃。

第七节　用字母表示数的教材内容编排

以苏教版教材为例，用字母表示数原先安排在四年级下册进行教学，苏教版教材遵循《义务教育数学课程标准（2011年版）》的要求，将这个内容调整至五年级上册的第八单元。之所以做这样的安排，一方面是因为用字母表示数不仅内容较为抽象，而且涉及思维方式的重要转变——学生需要用变化的眼光去考察相关的数量和数量关系，需要把含有字母的式子既看作关系也看作结果，适当后移有利于他们更好地理解和掌握其核心的数学思想方法；另一方面，也是为了与五年级下册第一单元所安排的“简易方程”实现更好的衔接，从而提高教学效果。

苏教版教材在小学阶段对用字母表示数的学习分为两个阶段：用含有字母的式子表示数量关系和化简形如“$ax \pm bx$”的式子，认识简易方程并列方程解决实际问题。学生经过数的认识，理解了四则运算的意义，认识了常见数量关系，掌握了加法和乘法的运算律、减法和除法的性质，以及简单平面图形的周长与面积的计算方法。这些都是本单元教学用字母表示数必不可少的基础知识。通过用字母表示数，用含有字母的式子表示数量、数量关系、运算律和各种公式，能更加概括地理解这些知识，也能更加概括地表达这些知识，从而发展数学思维，为以后教学方程做些准备。学生长期学习数与计算所形成的思维定势，使得他们不太容易接受作为结果的式子，这涉及数学思维方式的重要转折。为此，教材特别注意从最简单的内容开始，循序渐进、逐步推进，从而形成一个完整的认知体系。

一、教材单元整体编排

梳理单元的知识结构以及在教材体系中所处的地位是解读教材的必要途径，算术用数字符号表示数与数量关系，代数用字母符号表示数与数量关系，学生经历了实际问题中的基本数量关系，这些都是学习代数知识的重要基础，代数的学习包括：用字母表示运算律和计算公式、用字母表示数、简易方程以及比例和正反比例。在三年级的学习中，学生已经接触了用含有字母的式子表示长方形的周长和面积计算公式，四年级的学习中，已经学习了用含有字母的式子表示运算律，五年级上册第二单元，又学习了用含有字母的式子表示多边形的面积计算公式，五年级上册第八单元，才正式进入代数的学习，学习“用字母表示数”“用含有字母的式子表示数量、数量关系和公式”“求含有字母的式子的值以及代入计算”，五年级下册学习方程的概念、解方程的方法以及列方程解决实际问题，经历由数字表示数到用字母表示数、由日常语言表示数量关系到用符号语言表示数量关系的抽象过程，教材这样的编排目的是使学生对用字母表示数有一个循序渐进的认知过程，经历由简单认识到深入认识与应用的过程，不断提升数学抽象水平，培养符号意识。

二、用字母表示数的例题编排

（一）熟悉的问题情境

“用字母表示数”的第一课时包括三个例题，例1和例2用字母表示一步计算（只有一个运算符号）的数量关系，例3用字母表示正方形周长和面积公式以及含有字母的乘法式子的书写规则。

例1通过用小棒摆三角形的直观操作，先让学生用乘法算式分别表示摆2个、3个、4个三角形所用小棒的根数；再通过对题中数量关系以及所列乘法算式共同特点的分析和比较，引导学生用字母a表示三角形的个数，并要求他们尝试用乘法算式表示摆a个三角形所用小棒的根数与摆出的三角形个数之间的数量关系；最后进一步追问“这里的a可以表示哪些数”，使学生根据题意体会到这里的a可以表示任意一个自然数，初步感受用字母表示数的特点（如图1–10所示）。这道例题充分利用直观图形帮助学生理解数量关系。为了帮助学生更好地体会数量之间相依互变的关系，教材引导他们通过用小棒摆三角形等活动，在活动中感受一个数量的变化对另外一个数量的影响，并从中逐步抽象出相应的数量关系。让学生经历由具体的数到抽象的字母、由具体的乘法算式到含有字母的乘法式子的抽象概括过程，发展函数思想。

例1情境：小棒摆三角形

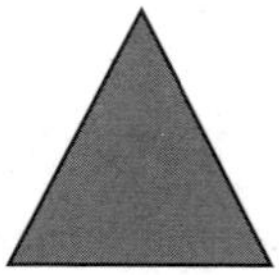

摆1个三角形用3根小棒；

摆2个三角形用的小棒根数是：2×3；

摆3个三角形用的小棒根数是：（　）$\times3$；

摆4个三角形用的小棒根数是：（　）$\times3$；

……

如果用a表示三角形的个数，小棒的根数是（　）$\times$（　）

图1-10　苏教版教材“用字母表示数”例1情境

例2的编排方式与例1相近，先让学生根据提供的具体数值列出减法算式表示行驶一段路程后剩下的千米数，再用字母b表示已经行驶的千米数，让他们列出表示剩下千米数的式子。所列的含有字母的式子事实上不仅表示所剩的千米数，也体现了题中数量之间的关系。与例1不同的是，例2在继续追问“这里的b可以表示哪些数”的同时，还要求学生根据字母所取的值尝试口答含有字母的式子的值，从而使他们进一步丰富和拓展对字母表示数的认识（如图1-11所示）。

甲、乙两地之间的公路长280千米，一辆汽车从甲地开往乙地。你能用式子表示行驶了一段路程后剩下的千米数吗？

（行驶50千米、74.5千米、b千米）

280−50 ⟶ 280−74.5 ⟶ $280-b$

图1-11　苏教版教材“用字母表示数”例2情境

例3重点教学用字母表示正方形的周长和面积公式，使学生进一步理解含有字母的式子能表示数量、数量关系和计算公式，同时介绍含有字母的乘法式子的简便写法，结合乘法运算的意义帮助学生理解相关的简便写法（如图1–12所示）。

用a表示正方形边长，C表示周长，S表示面积，
你能写出正方形的周长和面积公式吗？
学习书写规则：

$$C=4\times a\text{或}a\times 4 \rightarrow C=4\cdot a\text{或}4a$$

$$S=a\times a \rightarrow S=a\cdot a\text{或}a^2$$

图1–12　苏教版教材“用字母表示数”例3情境

利用熟悉的问题情境，帮助学生理解并学会用字母表示数。纵观编排的实际问题，大多是日常生活中能够经常接触且数量关系较为简单的，或是学生在以往学习过程中已经解决过的。教材在呈现这些实际问题时，或以图文结合的形式，或以表格的形式，尽可能做到形象直观，以便于学生把注意力集中于用字母表示数以及用含有字母的式子表示数量关系的抽象过程，从而对用字母表示数的数学价值产生更为深刻的领悟。

（二）完整地经历过程

注重让学生完整地经历用字母表示数的抽象概括过程，在过程中感受用字母表示数的必要性，体会用字母表示数的好处，体会字母能代表一大批数，含有字母的式子也概括表示了数量关系；体会字母能表示一个具体的数，这时含有字母的式子就与一个确定的值相对应；体会字母表示公式和运算律便于表达、容易记忆，理解用字母表示数的意义。学生善于进行简单的类比推理，教材充分利用学生的这个特点，设计适切的教学方式。例1、例2都是先给出具体数量，让学生根据数量之间的关系，列出算式表示要求的数量；再通过具体数量的有序变化，让学生根据数量关系写出一组相似的算式，加深对数量关系的体验；最后通过给出用字母表示的数，引出用含有字母的式子表示数量或数量关系。上述

从特殊到一般、由具体到抽象的过程，不仅有助于学生突破学习难点，理解用字母表示数的意义和基本方法，而且有助于学生把对数的理解上升到更高的水平，进而逐步提高把现实问题数学化的能力。

三、用字母表示数的习题编排

例1、例2、例3的教学之后，教材安排了“练一练”以及“练习十八”第1~3题配套习题来检测学生对用字母表示数的学习情况，让学生在不同的问题情境中，加深对字母表示数的认识。以下是对相关练习题的目标分析：

“练一练”第1题练习含有字母的乘法式子的简便写法。第2题通过填表的形式，使学生体会到表中填写的式子要随着数据的变化而变化，但却是根据同一个数量关系列出的，特别是用字母表示数后，所列出的含有字母的式子更可以清楚地反映题中的数量关系，进一步引导学生体会从具体的数到用字母表示数和数量关系的抽象过程。第3题要求学生用字母表示长方形的面积公式，有助于他们进一步沟通新旧知识之间的联系，加深对用字母表示数的认识。

练习十八的第1~3题，让学生根据不同的问题情境，在用含有字母的式子表示数量及其关系的过程中，不断加深对用字母表示数意义的理解，掌握用字母表示数量及其关系的方法。由易到难，逐步培养学生用字母表示数的习惯，不断发展他们的符号意识。

教材在“练一练”习题后，还安排了“你知道吗”内容，介绍法国数学家韦达系统使用字母表示数的伟大成就，让学生通过阅读进一步拓展视野，帮助学生更好地体验数学的价值，感受数学创造的无穷力量。

对于教材仍需要再理解再创造，具体体现在以下几个方面：

一是在选择贴近学生生活经验情境的基础上，更加重视真实问题情境的整体性，保持问题情境的整体贯通。问题情境的创设更加重视新知学习的必要性，再回到不同的情境中去应用，学习素材从具体到抽象的同时，也要注重逆向思维的培养，从抽象还原具体的建构学习。

二是在学生已有知识经验的基础上，抓住新旧知识点的联系，为学生提供更大的学习空间，回顾整理用字母表示数的例子，关注知识的整体性和结构性，在知识之间建立联系，实现知识的整体贯通。

三是在知识的形成过程中生长出概念本质、数学思想、生活应用。在实际教学中，只有真正让学生理解字母的符号概括作用，从确定走向不确定，从具体走向抽象，理解字母表示的是“一类量”，学生的认识才能超越算术走向代数，形成和发展学科核心素养。

第二章　学情调查：探清学生基础

小学数学结构化学习的学情调查是依据教育学、心理学和统计学原理，通过调查、测量等方法了解学生的当前学习状态，分析学生的知识经验、技能水平和表征方式等样态，清晰认知起点，明确认知目标，厘清认知路径，找准认知冲突，进而有效设计学程，引导学生进入深度学习的状态。

第一节　学生知识基础的调查与分析

一、学情调查的问题设计

（一）知识经验层面

在以前的学习中，遇到过用字母表示的内容吗？请你举例说明（可以多举几个）。

（二）技能水平层面

已知父亲年龄比儿子大26岁，如果用a表示儿子的岁数，那么$a+26$表示什么？

（三）表征方式层面

一只青蛙一张嘴，两只眼睛四条腿；两只青蛙两张嘴，四只眼睛八条腿；三只青蛙三张嘴，六只眼睛十二条腿……你能用一句话或者式子表示任意只青蛙的嘴数量、眼睛数量和腿数量吗？

二、学情调查的设计意图

第一题从知识经验层面进行考查，目的是了解学生是否还记得以前学习中接触过的用字母表示数的内容。第二题是从技能水平层面进行考查，目的是了解学生对用字母表示数的理解，了解现阶段学生推理能力的差异。第三题从表征方式层面进行考查，发现学生在用字母表示数的学习认知上的困难，找到促进认知发展需要的数学基本技能，以便教师准确把握学生学习用字母表示数的认知起点与最近发展区，结合学生实际，发展学生在用字母表示数这一内容学习过程中涉及的核心素养关键能力与必备品格。

三、学情调查的理解与分析

2023年9月22日，笔者对N市某小学五年级267名学生进行了前测调查。此时的学生刚进入五年级，还没学习“用字母表示数”，但本册刚学习了面积公式，之前学习过用字母表示的运算律。

（一）问题一的调查情况

在以前的学习中，接触过用字母表示的内容吗？请你举例说明（可以多举几个）。

具体结果如表2-1所示：

表2-1　学生对“用字母表示数”知识经验分析

学生举例及类型	百分比	用字母表示数的情况类别
不知道或者无	19.5%	无
英文字母、身份证号、车牌号、找规律等	14.6%	与“用字母表示数”无关
长度单位、面积单位、质量单位等	17.2%	
运算律、多边形面积	46.4%	用字母表示“一般的数”
方程、求未知数等	2.2%	用字母表示“特定的未知量”

从表中可以看出，被调查的大部分学生举例的内容主要为运算律、面积计算公式、单位简写和英文字母等，这些都与“用字母表示数”的意义无关。本单元所讨论的用字母表示数的意义，是用含有字母的式子表示数量关系或计算公式，理解字母表示的式子既可以表示结果，又能

表示关系。这是列方程的前提，学生在这方面的经验是匮乏的。表中虽然有2.2%的学生回答“方程和求未知数”等，但他们对于用字母表示数的意义也并不理解，具体如图2–1所示。

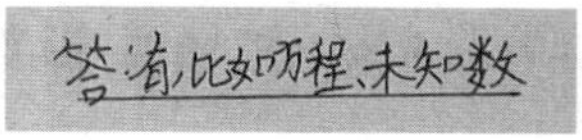

作品1

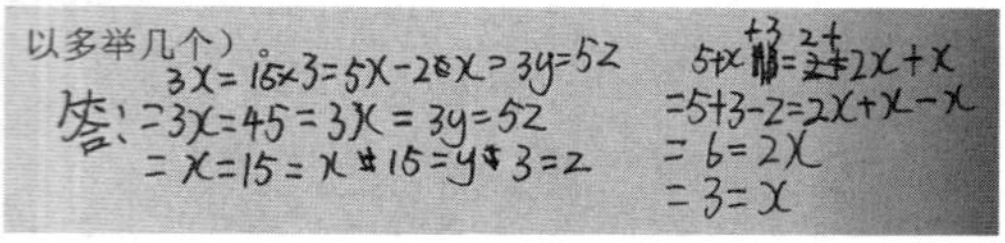

作品2

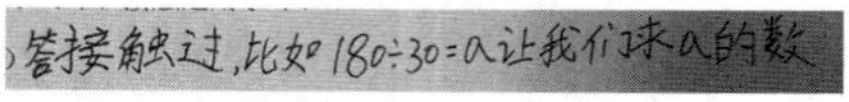

作品3

图2–1

（二）问题二的调查情况

已知父亲年龄比儿子大26岁，如果用a表示儿子的岁数，那么$a+26$表示什么?

具体结果如表2–2所示:

表2–2　学生对“用字母表示数”技能水平分析

学生回答	百分比	水平层次
不会、不知道等	7.5%	推理能力较弱，对数量关系的理解较差
父亲比儿子大26岁	21.7%	把“a+26”看成一种关系，而不是结果
父亲和儿子一共多少岁	13.5%	
儿子年龄加父亲比儿子多的岁数	4.5%	
父亲的年龄	52.8%	推理能力较强

从表格中可以看出，被调查的学生中有将近一半的人对“用字母表示数”的意义理解有困难，他们认为含有“+”就应该表示“多多少”或者“一共是多少”，表示的是一种关系，很难把用字母表示的式子看成是一个结果。

（三）问题三的调查情况

一只青蛙一张嘴，两只眼睛四条腿；两只青蛙两张嘴，四只眼睛八条腿；三只青蛙三张嘴，六只眼睛十二条腿……你能用一句话或者式子表示任意只青蛙的嘴数量、眼睛数量和腿数量吗？

具体结果如表2–3所示：

表2–3　学生对“用字母表示数”表征方式水平分析

	百分比	学业表现
水平一	25.5%	不会表征或者找不到数量关系
水平二	67.0%	不理解“任意只”，学生举例表征
水平三	7.5%	能根据数量关系完整地进行表征

1. 学生不会表征或者找不到数量关系，该水平层次的学生分为两种情况，具体分析如下：

情况一：学生完全不会表征，回答不会或者不知道。

情况二：学生尝试用数字、文字或字母进行表征，但对于数量关系的理解不正确（如图2–2所示）。学生在理解时从“纵向”角度考虑不同数量的青蛙特征，没有抓住最本质的数量关系。

作品1

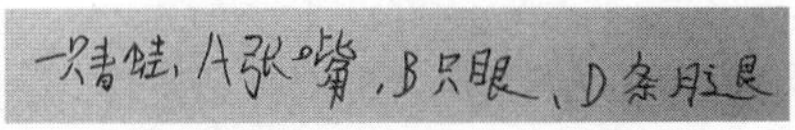

作品2

作品3

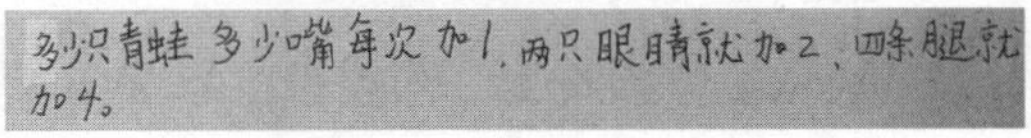

作品4

图2–2　学生对于数量关系的不准确理解示例

2. 学生不理解“任意只”，用文字、数字和字母等符号形式进行举例表征（如图2–3所示）。这部分学生虽然发现了规律，但还没从“特殊”转向“一般”，抽象概括和表达的能力较弱。

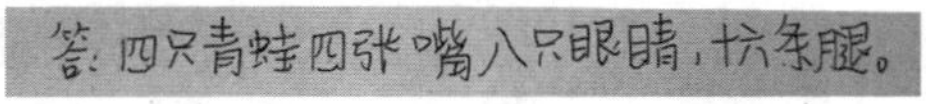

作品5

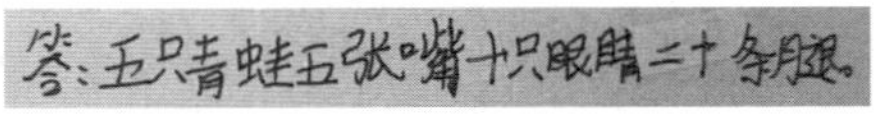

作品6

作品7

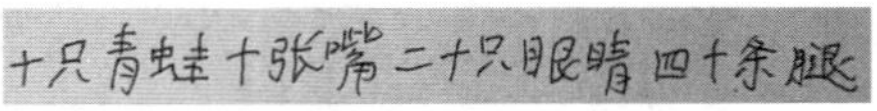

作品8

图2-3

3. 学生能根据数量关系完整地进行表征，该水平层次的学生分为两种情况。

情况一：学生用文字表征（如图2-4所示）。

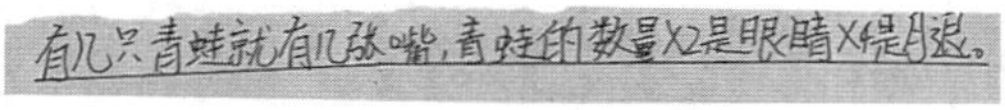

作品9

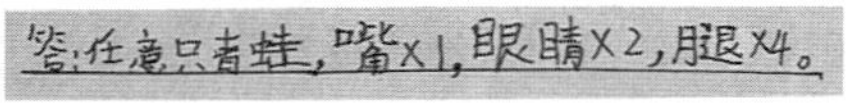

作品10

图2-4

情况二：学生用符号表征（如图2-5所示）。这部分学生既找到了正确的数量关系，也能用字母表示数量关系，符号意识较强。

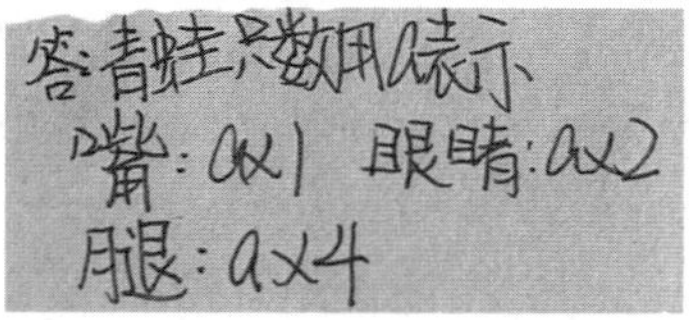

作品11

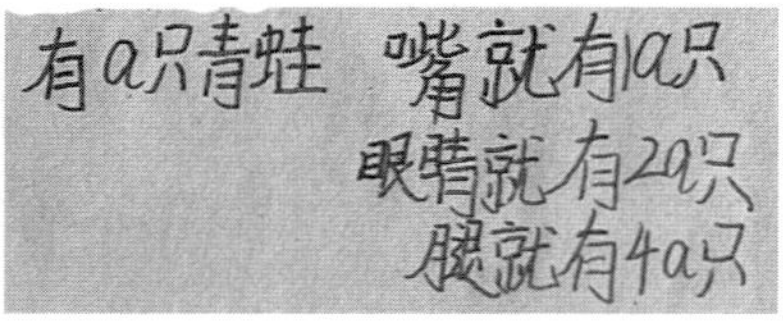

作品12

图2-5

通过前测我们发现，学生对用字母表示数的经验基础较弱，大都来自运算律和面积计算，而且很多学生很难把用字母表示的式子看成是一个结果。因此，教学要做的就是让学生体会到用字母表示数的价值和意义，在不同的问题情境下，拓宽用字母表示数的应用范围，帮助学生加深对用字母表示数的认识，体会其表达的一般性。

第二节　学生认知结构的了解与分析

一、用字母表示数的学生认知结构

结构化学习将认知心理学中的表征方式和思维水平作为学情调查的重要元素。表征方式既指认知活动的过程，又指认知活动的结果。顾泠沅先生构建的数学认知水平分析框架对结构化教学很有借鉴价值，他将学生数学认知水平分为四个层次：操作性记忆、概念性记忆、说明性理解和探究性理解，学生思维水平逐级升高。“用字母表示数”的认知需要经历感知、表达和操作几个过程，其中学生的认知水平也随之不断提升，素养水平随之不断发展。“用字母表示数”的学生认知结构如图2-6所示：

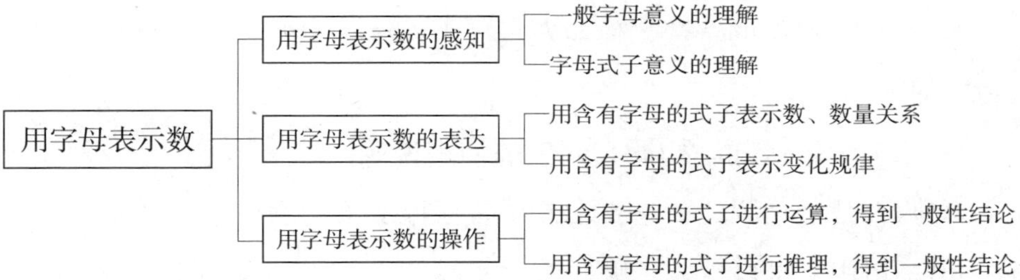

图2-6　“用字母表示数”的学生认知结构

二、学生认知结构的调查设计

（一）学生认知结构调查的问题

研究中，我们调查了六年级的学生，此次认知调查主要从三个维度进行，分别是学生对用字母表示数的感知、用字母表示数的表达和用字母表示数的操作。为了了解学生是怎么自觉运用已有的认知结构对新知识进行关联，了解学生不同的表征方式，设计以下问卷。

题目：1.请大家观察下面式子里的字母，想想字母可以表示哪些数学实际意义？请将你能想到的实际意义尽可能多地写下来。

例如：a可以表示正方形的边长，那么$4a$就可以表示正方体的周长。

（1）8s　　　　　　　　（2）b^2

2. 学校买了m只篮球，每只30元；又买来7只排球，每只n元，式子30m+7n的意义是什么？

3. 同学们一起参加植树活动，初一年级一共植树a棵，初三年级植树的棵树是初一年级的3倍多1个。两个年级一共植了多少棵树？

4. 根据规律填写表格2-4。

表2-4　三角形小棒规律表

摆三角形的个数	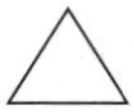		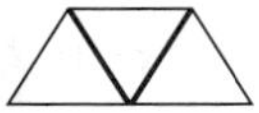	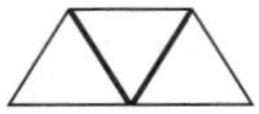 ……
小棒的根数	3根	5根		

5. 若$a+b+c=12$，$b+c+2a=18$，则$a=$（　　）。

6. 有三个连续的奇数，你能发现三个连续奇数的和与中间奇数有什么关系吗？

（二）学生认知结构调查问卷的使用说明

本调查是纸笔测验，它要求被试者根据所给问题联系自己的学习经验，想一想用字母可以表示哪些数学实际意义。通过写一写，表达自己对用字母表示数的认识。教师在发放了调查问卷之后，并辅以下段引导语：同学们，今天老师想了解同学们对“用字母表示数”的认识，这是一个小调查，希望同学们能根据问卷上的问题，结合自己的理解进行回答。可以写一写，把自己的想法表达出来，如果无法用写的方式表达出来的，也可以举手，老师到你的身边，你可以说给老师听，老师帮你记录下来。

三、学生认知结构的调查结果分析

（一）用字母表示数的感知

大多数学生对一般字母意义的理解不到位，但对字母式子意义的理解较好。比如，对于8s，有58%的学生认为s就是表示秒，所以8s表示8秒，他们把s当成时间单位的缩写。对b^2的理解，46.4%的学生认为它表示

“宽的平方”，他们受到原有经验干扰，觉得b就是宽，但没有理解b^2的含义。可以理解一般字母意义的学生把8s看成8只兔子的重量、8条线段的长度、8个相同面的面积等（如图2-7所示）。

作品1

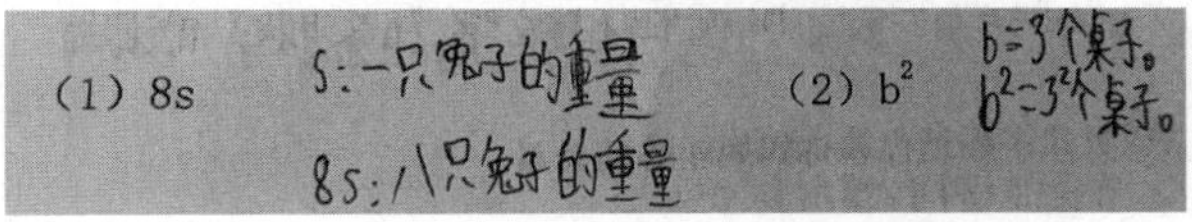

作品2

作品3

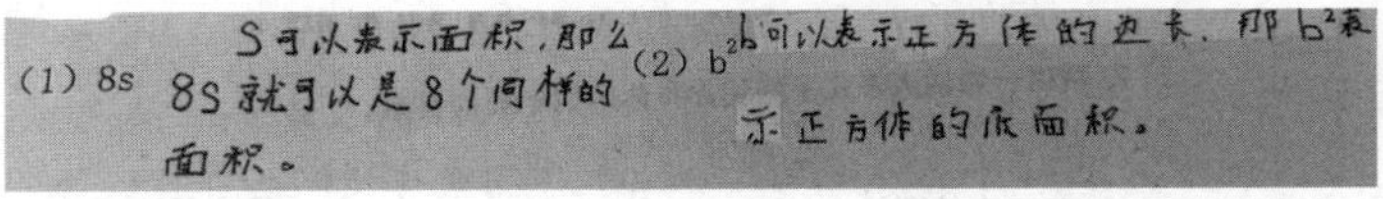

作品4

图2-7

对于第2题中30m+7n意义的理解，95.5%的学生知道它表示30只篮球加7只排球的价钱（如图2-8所示）。

作品1

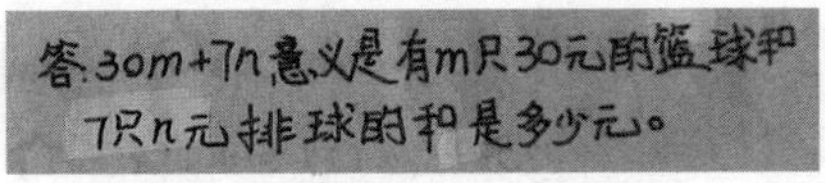

作品2

图2-8

（二）用字母表示数的表达

用字母表示数的表达可分成两种，一种是用含有字母的式子表示数和数量关系，另一种是表示变化的规律。对于问卷第3题，结果如表2-5所示：

表2–5　用含有字母的式子表示数量关系的认知调查结果

学生表达方式	占比
a×3+1+a=4a+1(棵) 答：两个年级一共植了4a+1棵。	47.9%
3a+1+a	22.8%
答：3a+1棵。	23.3%
空白或乱写一个	6%

70.7%的学生会用含字母的式子表示数量关系，只是有22.8%的学生没有进行化简。第4题用含字母的式子表示小棒的根数，最后一栏只有8%的学生写“2n+1”，其他学生都不会表示。显然，学生已经具备一定用字母表示数和数量关系的能力，但用含有字母的式子表示变化规律的能力不足，即学生对于用字母可以表示变化的、未知的数有明显认知困难。

（三）用字母表示数的操作

最后两题的设计是为了了解学生用含有字母的式子进行计算或推理，能否得到一般性结论。第5题有50.2%的学生正确计算出a的值，而第6题只有8.6%的学生能发现并概括出三个连续奇数的和与中间奇数的关系，有的学生只是表示出三个连续的奇数（如图2–9所示）。

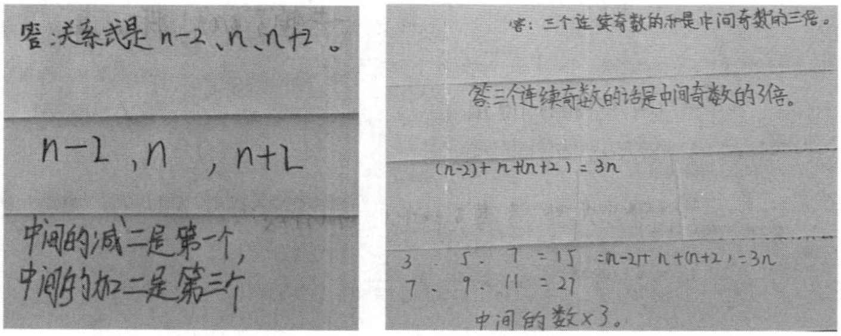

作品1　　作品2

图2–9

从以上三个维度的调查结果可以看出，学生对用字母表示数的意义的理解仅仅停留在用字母来“替代”数，只有少部分学生真正理解用字母可以表示任意的数、变化的数和数量关系。由于学生已有的形象思维与用字母表示数的概括性和抽象性产生了冲突，从而造成学生对用字母表示数的感知存在理解障碍。学生不能真正意识到用字母表示数的本质其实是数量符号化，因为学生没有足够的经历去体验“为什么用字母表示数”的过程，没有理解用字母表示数的意义和价值。学生在用字母表示数的感知、表达和应用方面的认知结构水平较低，并且受到之前算术思维的影响，形成思维定势，代数思维的形成也受到了阻碍。如何通过合理有效的教学设计来提高学生对“用字母表示数”的理解水平，这些问题仍需要后期的探索与思考。

第三节 用字母表示数的学习目标

一、用字母表示数的学习目标

基于对学生用字母表示数认知的调查了解，笔者对用字母表示数的学习目标制定如表2–6所示：

表2–6 “用字母表示数”学习目标

维度	学习目标
知识结构	在具体情境中理解用字母表示数的意义，能够根据具体的情境用含字母的式子表示数和数量关系
认知结构	经历把实际问题用含有字母的式子进行表达的抽象过程，培养学生的数学抽象概括能力
情意结构	体会用字母表示数的简洁性与一般性，发展学生的符号意识，增强学好数学的信心

学习目标与教学目标相匹配，从知识结构、认知结构与情意结构三

个方面分别描述了学生的学习目标，包括学生应该学什么、怎么学、学到什么程度。

二、学习目标的关联分析

（一）学习目标的叙写依据

学习行为要基于一定的学习动机，而学习动机就表现在学习目标上。学习目标是通过课程内容结构、认知过程结构与情意态度结构来实现的。

1. 课程内容结构

首先，要读懂读通课时教材以及与之关联的单元知识结构，理解单元间横向联系与纵向关系，明白数学的知识结构体系，整体理解大概念。其次，能够理解并勾画出概念的元素关联结构图以及概念之间的联系而组成的单元知识结构图。最后，结合课程标准的要求，并结合学生的个体差异，把课程内容与教学目标统一起来，让内容科学地服务目标，引导教师以学为主理解教材、结合学情创造学材，不断完善课程的科学适用性。在此基础上，叙写出学生应该掌握的知识结构。

2. 认知过程结构

学生在数学学习的过程中一条重要目标就是通过完善认知结构促进思维的发展，其中涉及数学学习的感知问题发现、体验问题解决以及实践模型应用。在这一过程中，教师引导学生认知活动的不断展开，经历思维发展的认知过程，组织具有大问题、大任务的主题学习活动，促进学生独立思考与合作探究，培养学生数学实践的综合能力，即数学学习发展学生核心素养与关键能力。

3. 情意态度结构

学生是学习的主体，培养学生数学学习的好奇心与求知欲是小学数学学习的首要目标，发现并理解学生数学学习的情意态度目标是落实核心素养在数学学习必备品格培养中的关键实施路径。发展数学学习的积极认知情感，就是重视学习活动中人与人的社会化关系，推动我们改进教学方式，让认知过程与学习契合起来，建构数学学习的情感动力系统，培养学生对数学的学习兴趣、良好的学习习惯、优秀的意志品质，特别是不断发展的元认知水平，引导学生认识到怎么学与为什么这样学，以及还可以怎样学。

（二）学习目标的理解分析

结合2022年版义务教育数学新课标、教材教参、学情、认知方式和学习目标的分析，我们对“用字母表示数”的学习目标进行了重构（如表2–7所示）：

表2–7 “用字母表示数”的学习目标重构

2022年版课标	教材教参	学情分析	认知方式	学习目标
会通过对“用字母表示数”的理解观察现实世界	初步理解并学会用字母表示数	通过以往的学习，有46.4%的学生会用字母表示“一般的数”，只有2.2%的学生认为字母可以表示特定的未知量	五年级学生正处于具体运算阶段，此阶段的学生具备一定的抽象能力	在实际情境中理解字母表示数的意义和价值
会通过对“用字母表示数”的理解描述现实世界	会用含有字母的式子表示数量、数量关系	70.7%的学生认为含有字母的式子可以表示变换的数量关系	该阶段学生的认知结构已经发生了重组和改善，能够进行逻辑推理	同一情境下，用含有字母的式子表示变换的数量关系
会通过对“用字母表示数”的理解表达现实世界	经历把实际问题用含有字母的式子进行表达的抽象过程，培养符号意识	学生理解$2x$的含义，知道只要两个量有两倍关系的，都可以用$2x$概括	该阶段学生能运用表象进行逻辑推理	从$2x$这个结构出发，将其表示的意义向生活中拓展

（三）学习目标的应用实践

从算术到代数，对学生数学学习具有重要的意义。“用字母表示数”对于小学生来说，从具体的、确定的数过渡到用字母表示抽象的数、可变的数是认识上的一次重大转折，更是认识上的一次飞跃。学习目标是通过学习环节综合体现出来的。

1. 连续环节

（1）出示情境：前不久，老师的微信收到一个红包。猜猜多少钱？除了猜，有更好的方法吗？

（2）出示任务：谁能想一个办法，把所有可能的数都包括进来。

（3）评价反思：为什么要用字母来表示数？

以贴近学生的真实问题情境打开课堂思考，激发学生认知冲突，让学生在争论质疑中逐步优化、改进方式方法，进而实现数学知识的“再创造”，在不断调节改进的活动过程中感受用字母表示数的简洁性和概括性，感受对相关数学表达的需要。

2. 关联环节

（1）出示情境：第2个红包比第1个多5元。第3个红包是第1个的2倍。

（2）交流活动：y与x+5哪个表示得更好？第3个红包的金额怎样表示既合理又简洁？

（3）评价反思：含字母的式子可以用来表示数和数量关系。

有了第一个红包金额的表示经验，对于第二个红包的金额，学生自觉地用字母表示，揭示出“同一个问题中不同的数用不同的字母来表示”的一般做法。而随后教师收到的短信“比第一个红包多5元”，引发了“y与x+5哪个更好”的讨论。接着让学生合理简洁地表示第3个红包的金额，整体关联，让理解逐步走向深刻。

3. 循环环节

（1）情境问题：2x除了表示红包钱数之间的关系，还能表示什么？

（2）出示任务：说一说，还能用2x表示什么？

（3）评价反思：只要两个量有2倍关系的，都可以用2x概括。

学生从2x这个结构出发，将其表示的意义向生活中拓展。在交流过程中，学生从“基于情境”到“去情境化”，学生认识到“只要两个量有2倍关系的，都可以用$2x$概括”，进一步理解含有字母的式子表示的实际意义。在小结阶段，学生自然而然地提出：用字母或含有字母的式子，可以表示确定的数，也可以表示不确定的未知数。

第三章　学材开发：支持认知过程

小学数学结构化学材开发致力于知识内容、学习材料和学生三者“整体、关联、发展”的关系，从整体到细节对学习内容进行创新重组，开发能够作用于学生自主认知发展，整体构建适合学生自主学习的立体式材料资源。“用字母表示数”一课教学重视创设真实问题情境，连接学生生活世界和已有知识经验，开发结构关联的学习材料，支持学生知识结构、认知结构和情意结构的发展，可视化的工具支撑学生参与关联活动，从而发展学生的关键能力和必备品格。

第一节　小学数学结构化学材开发的内涵、原则与策略

一、学材开发的内涵

《义务教育数学课程标准（2022年版）》明确提出要让学生能够“直观理解所学的数学知识及其现实背景”，并在教学提示中明确指出要让学生借助一定的学习材料，用直观的方式来表达数学。显然，学材是小学数学结构化学习的重要资源，既可以来源于学生的生活世界，也可以来源于学生的已有知识经验。学材是小学数学结构化学习的活动载体，直接影响结构化的学习效果。小学数学结构化学材开发通过重新诠释与表达数学内容，结构关联的学习材料，让学生主动地建构起认知结构体系。

因此，基于“从知识走向能力、走向人的整体的内在品质发展”，提出了以体现关键能力为本的结构化学材开发，并就其内涵、基本原则

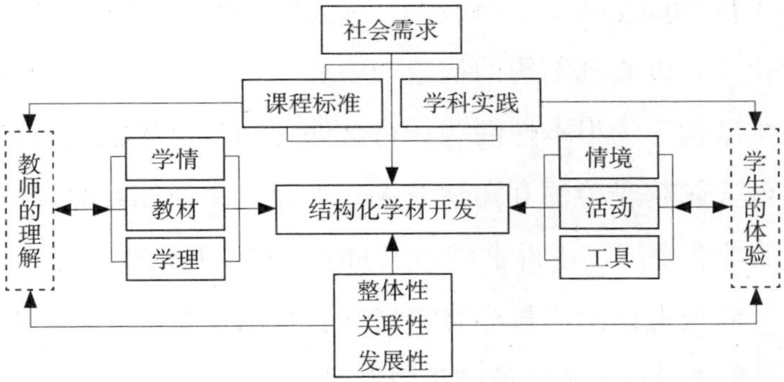

图3-1 结构化学习学材开发研究框架图

及具体实施策略等，建立实践可行的研究框架（如图3-1所示）。

（一）丰富教材资源，体现从“学教材到懂教材与用教材”

结构化学材以儿童真实经验经历为出发点，运用“具身认知”的观点及整体思维方式，整体把握教材的纵横体系；突出数学本质，深度融合多领域相关联的知识内容，综合利用“实感具身、实境具身和离线具身”开发基于真实场景和真实用途的“活动”；积极利用创造的工具技术支撑，使得教材内隐的知识结构外显化，让学生亲身感受和体验数学对象的直观背景和知识结构关联过程，超越了传统意义的“教教材”，对于“用教材教”具有普遍意义。

（二）增强认知策略，体现从“学知识到会方法与能思想”

结构化学材体现学科教学设计活动的创造性、开放性和情境性，是变革课堂学习的教育主张与逻辑起点。首先，加强知识表征形式的多元化，借助多元表征的“启发、转化、理解”功能，从而使得知识和策略行为关联化；其次，基于核心任务问题引领，完成一个整体学习任务，而不是零碎、片断地学习或行动，从而使得学习策略活动自主化；另外，以创造发明工具为支撑，突出学习的思路与方法，从静态的学转向动态的用，在实施中不断得到检验和修正，直到形成策略使用的自动化。

（三）推动向上成长，体现从“重知识到强认知与育心智”

结构化学材以心理结构的构建为中心，重点围绕“认知结构、知识结构、思维结构”的根本性问题，打破课程和学科界限，将知识结构与认知结构融入超越经验的真实情境中，着力儿童认知经验、情感态度与创新创造的综合发展，使得学科知识和学生思维互动生长起来（如图3–2所示），不断地抵达阶段核心素养目标，指向儿童的能力结构与品德结构的提升，促进学科育人价值的正向发展。

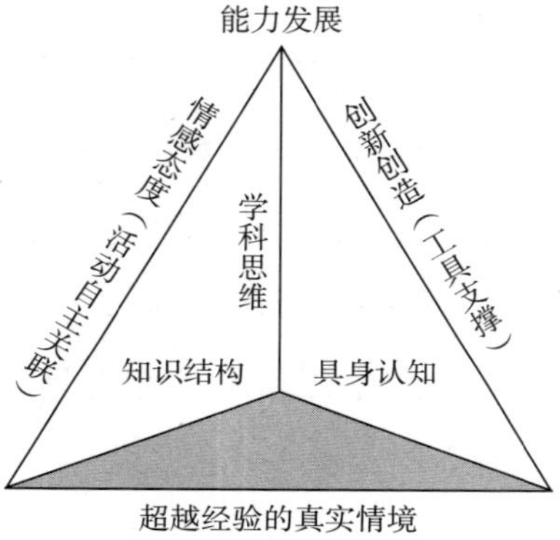

图3–2　结构化学习能力生长图

简言之，小学数学结构化学材通过设计结构关联的学习材料，重新诠释与表达数学内容，指向目标的任务活动、全域视角的教学行动，优化小学数学教学过程，让学生主动地建构起认知结构体系，提高小数数学育人价值。

二、学材开发的原则

（一）整体性原则

皮亚杰认为：“结构就是由具有整体性的若干转换规律组成的一个有自身调整性质的动态‘图式体系’，它具有整体性、转换规律或法则以及自身调整性这三个基本要素。”从知识体系看，学习内容本身就是一个整体，从学习心理看，学习者有感知整体的内在愿望和可能，整合的知识比片断的知识更加有用，组织化的信息比未组织化的信息更加易于提取，因此，整体性成为结构化学材开发的首要原则。

例如“用字母表示数”单元的教学重点是理解字母既可以用来表示不变的数量，又可以用来表示变化的数量；既可以用来表示已知的数量，又可以用来表示未知的数量。教学难点是理解含有字母的式子既可以表示关系，又可以表示结果。要帮助学生在情境中逐步形成完整的认知结构，从“算术思维”顺利向“代数思维”过渡，逐步发展学生的符号意识、推理意识和初步的应用意识，形成核心素养。

（二）关联性原则

小学数学学科知识点的关系，如果采用领域知识细化的思想，各知识点可以按照年级、章节、主题进行不同的划分。这些被划分后的知识点的内在关联经常以三种结构存在，即链式结构、树状结构和网络结构，这三种结构反映了知识单元间通过知识关系进行关联的基本方式。结构化学材的开发要基于数学知识的元素关联，直抵数学知识的内在本质、关系和变化规律。结构化学材的开发关键是要找准元素的上级知识元素，以及知识元素的下级知识点，建立关联性组材。结构化学材的开发，要能够从初级层次的材料间“形”上的关联，逐步迈向较高层次的材料间“神”上的关联。结构化学材开发则重在对工具的进一步改造，如一个圆片、一张纸条、一根布条等都可以成为基础性学材，进行合理的加工发明，在提炼和加工后灵活、革新使用，使其真正发挥促进儿童认知结构发展的“桥梁”作用。

（三）发展性原则

结构化学材是一个动态变化的可操作与可创造过程，随着社会发展需要、课程标准实施，以及学生需求的变化而不断发展，这也是数学学科教学体系发展的内在要求。学材开发应当能够增进学生的知识结构发展，推动学生的认知结构发展，促进学生的思维结构发展。因此，所使用的图示、实物、工具等学材表征形式必须与儿童认知规律相匹配，更好地促进学生潜力发展。

三、学材开发的策略

（一）开发贴近思维发生的真实任务情境

真实任务情境是数学学科知识学习的重要载体。所谓知识的情境化，是指教师在教学过程中有意识地引入或创设一定的情境，把知识转化为与知识产生或具体运用的情境具有相似性结构的组织形式。真实任务情境既是沟通学生生活世界与科学世界的桥梁，又是沟通学生认知与知识转化成素养的桥梁，还是沟通学科知识与思维的桥梁，同时也是沟通数学符号与数学模型的桥梁。所以，真实任务情境的创设，也是具体感性的、形象可见的、亲历体验的，才能有效地刺激与激发学生的认知经验及兴趣，促进学生超越个人经验范围和时空限制，促进学生从感性认识向理性认识的转化和升华，使学生的形象思维和抽象思维互动发展。

（二）创造促进思维发展的工具技术支撑

学生在学习过程中，由于认知水平和能力的局限性，认知结构存在一定的缺陷，需要通过创设引发学生认知冲突的问题情境，重建新的认知结构。因此，结构化学材基于学习心理意义，选择恰当的时机，开发创造立体多元的“冲突性”工具技术，以揭示事物的矛盾或引起学生内心的冲突，动摇学生已有的认知结构的平衡状态，从而唤起思维，激发学生学习的内驱力。实践中，创设具有操作性的工具，提高学习兴趣；创设具有联结性的活动化工具，提高求知欲望；创设具有验证性的动态化工具，提高探究热情。

（三）设计促进思维进阶的问题解决活动

任务情境的探究应该是真实的、开放的，师生需要共同置身其中，展开不断变化的活动。教学中，以核心问题驱动，设计层次性任务活动，串联知识结构；开放知识过程，设计自主表征性活动，展示思维过程；数学实验进阶，设计递进式探究活动，打通知识边界。

第二节 用字母表示数的学材开发案例说明

一、用字母表示数的结构化学材开发案例说明（一）

“用字母表示数”教学一开始，出示一首好听的儿歌《数蛤蟆》，请会唱的同学跟着一起唱。在唱不完的情况下，学生用一段歌词把以上所有的情况都表示出来（如图3–3所示）。

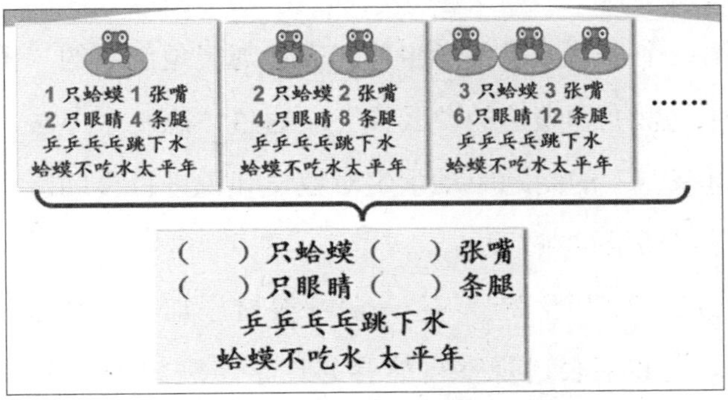

图3–3 “蛤蟆歌”

出示课本103页第2题，引导观察：从图里你知道了哪些信息？提问：小军家到学校和小丽家到学校的路程为什么不用同一个字母表示？$x+y$、$800-x$、$800+x+y$这些式子表示什么意思（如图3–4所示）？

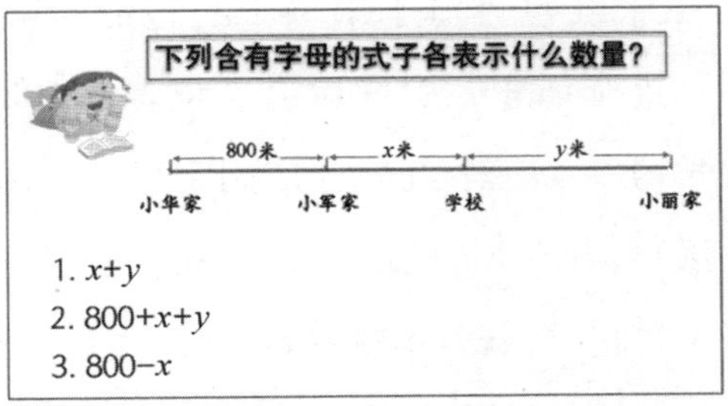

图3–4 “路程”情境

通过“故事书页数”这个学材，让学生自主提问，回答已经看了（ ）页和还剩（ ）页没有看，认识到：在同一个问题中，不同的数量用不同的字母表示，不同的字母式子又表示不同的数量关系（如图3–5所示）。

先读一读，再用含有字母的式子表示数量。

一本故事书200页，乐乐已经看了20天，每天看m页。

图3-5 “故事书”情境

二、用字母表示数的结构化学材开发案例说明（二）

“用字母表示数”的教学中，首先出示第一个红包图。“未知金额”的红包作为第一个学材，也是学生猜想表达与想象创新的“桥梁”，更是体现学生个性化思维和表达的“云梯”。通过“想一个办法，把所有可能的数都包括进来？”的问题驱动学生对数学知识进行再创造，真实问题情境引发真实学习场景自然打开。

随后，出示第二个红包。这一学习素材添加了“比前一个红包多5元”的信息，从文字表述观察自然容易让学生联想到与第一个红包的关联，基于原有的认知经验和学习经验，学生可能出现“用不同字母表示”和“用x+5表示”两种情况。这时，学生的多元作品也是进一步理解“用字母表示数”深层次内涵的生成性学材，即理解用字母既可以表示数量，也可以表示数量关系、结果。

最后，出示第三个红包。对于第三个红包的金额，在各种作品展现后，聚焦“简写”这个话题，引发讨论，观看微视频，孩子们进行了“有意义地接受式学习”。三个红包，“用字母表示未知数”“用含有字母的式子表示关系”“字母式的简写”等知识点已经清晰。至此，不妨让学生自主提问，“此时，x表示哪些数？”“哪个红包最少？哪个红包最大？”“每个红包到底是多少钱？”等都是高质量的好问题，值得思考甚至辩论（如图3-6、图3-7所示）。

围绕“2x”编故事这个学材，它把整节课从“红包”素材中剥离出来，从“基于情境”到“去情境化”，认识到“只要两个量有2倍关系，都可以用‘2x’概括”（如图3-8所示）。

图3-6 “红包”情境

图3-7 “$2x$”的故事

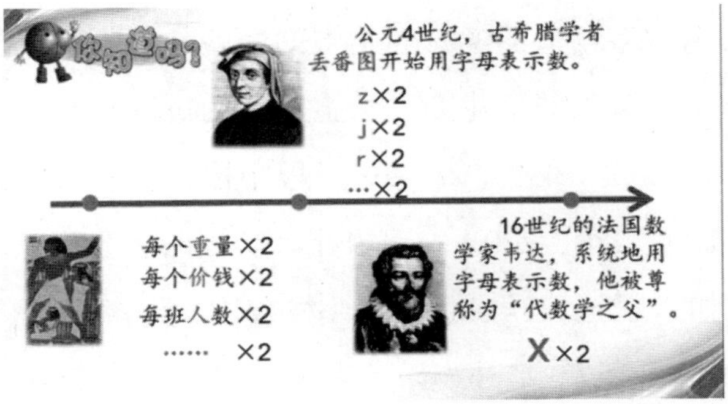

图3-8 “你知道吗”

补充的史料和随后的发问“为什么韦达被称为‘代数学之父’”，让孩子们深刻理解用字母表示数的千年跨越到底在哪里，一言以蔽之——“抽象概括的符号”。

三、用字母表示数的结构化学材开发案例说明（三）

“用字母表示数”的教学中，首先为学生提供了如图3-9所示的学材：

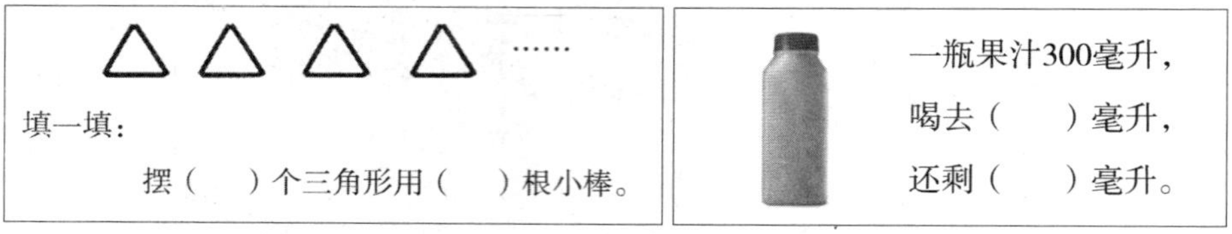

图3-9　“用字母表示数”学材组

这组学材中有乘法数量关系和减法数量关系，考虑了不同类型的数量关系，同时具有一定的开放性，符合不同层次学生表达的需求。教学中教师可以作如下的引导：你了解到什么信息？你想到了什么？

首先，都是学生最为熟悉的情境，数量关系也相对较为明显，便于学生体验与理解，“低门槛”进入，每个学生都可以参与其中，不同水平的学生会有不同层次的理解。同时，提供不同的学材给学生，以丰富学生对不同数量关系的建构。

其次，展示学生创造的学材。学生的经验水平不同，但都是创造的源泉，是课堂不断深入的催化剂。学生想到的可以是具体的数，比如：摆1、2、3……个三角形用3、6、9……根小棒；喝去10、20、30……毫升果汁，还剩290、280、270……毫升果汁。同时，学生想到的也可能是未知的数，比如：摆n个三角形用m根小棒或摆n个三角形用（$n\times3$）根小棒，果汁喝去x毫升还剩y毫升或果汁喝去x毫升还剩（$300-x$）毫升。这些作品体现了学生不同的思维水平，也丰富了学生对数、数量关系表达形式的理解。

最后，对不同学材使用的情况进行对比，初步建构用字母表示数的含义。通过一些具体的数，引导学生认识到：这样的情况有无数种，说不完。通过用两个不同的未知数表示三角形的个数和小棒的根数以及喝去的果汁量和还剩的果汁量，引导学生认识到：三角形的个数和小棒的根数以及喝去的果汁量和还剩的果汁量是两个相关联的量，一个是3倍的关系不变，一个是果汁的总量（和）不变，虽然未知数起到了概括作用，但是却不能表达两个量之间的关系。只有“摆n个三角形用（n×3）根小棒”“喝去x毫升还剩（300–x）毫升”既实现了从具体走向抽象概括，还可以反映两个量之间的关系：三角形的个数×3＝小棒的根数、300–喝去的果汁量＝还剩的果汁量。

在初步的探究活动之后，学生已经体会到用字母表示数的价值和意义，接下来，教学要做的就是在不同的问题情境下，拓宽用字母表示数的应用范围，帮助学生加深对用字母表示数的认识，体会其一般性。

第三层次的学材则从正向的用含有字母的式子表示数量关系转变为从逆向的根据含有字母的式子来辨析数量之间的关系，创设爸爸、妈妈、儿子一家三口的年龄问题这样一个既真实又熟悉的问题情境。首先根据字母式说老师和儿子的年龄大小关系，接着根据字母式呈现的大小关系结合实际去猜对应的人物，最后再变化标准量，根据大小关系去表示另一个人物的年龄（如图3–10所示）。在这样正向逆向的不断辨析和来回变换的不断理解中，进行知识的深度建构。

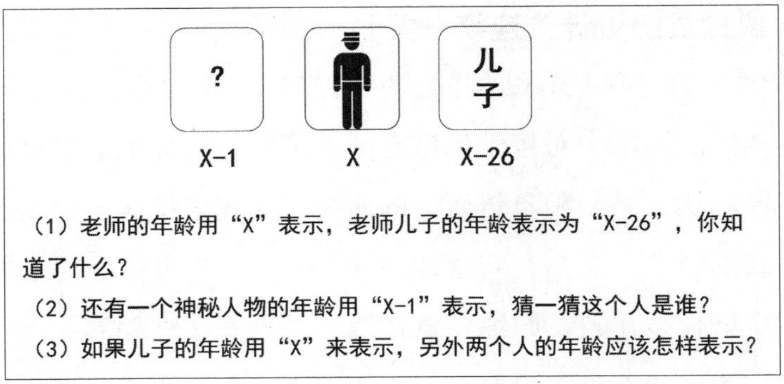

图3–10 “用字母表示数”探究性学材

第四章　学程设计：科学教学逻辑

陶行知先生曾说：“先生的责任不在教，而在教学生学。”因此，教师要能设计学程，而非教程。学程，是学习的流程或过程。学程设计是在学情调研、学理分析、学材开发等研究的基础上，进行学习过程的预案设计，是结构化学习活动的重要保证。小学数学结构化学习的学程设计需要考虑纵向和横向两个方面，并紧密围绕思维结构的素养结构发展目标，设计学的结构、教的结构，建构学程模型。创新实践，采用“3×3”结构改造现实备课，备课轴突出主干精髓，使“备—学—教—评”融为一体，实现理论与实践的有效结合。

第一节　小学数学结构化学习学程设计模型建构

一、纵向层级设计：连续—关联—循环

数学学习的过程是有结构的，一般经历三个阶段。一是数学学习是在真实的问题情境中对接学生已有的生活的、经验的、直接的、感性的、童趣的经历，是一种自然而然的连续，从知识结构上，是连接旧知且能引发新的思考。二是在问题冲突的驱动下，展开数学意义的学习，经历描述、操作、比较、归纳、概括等一系列程序性探究，运用符号进行抽象表达数学的概念、规律、公式、定理的深度建构，形成一定的数学结构。三是新建立的数学结构要再回到生活中，回到原来的结构中，在问题解决和解决问题中得到迁移、拓展与提高，在应用中创新、创造，实现数学的真正价值。在结构化学习的研究实践中，提炼出如下

“连续—关联—循环”纵向学习层级设计（如图4-1所示）。

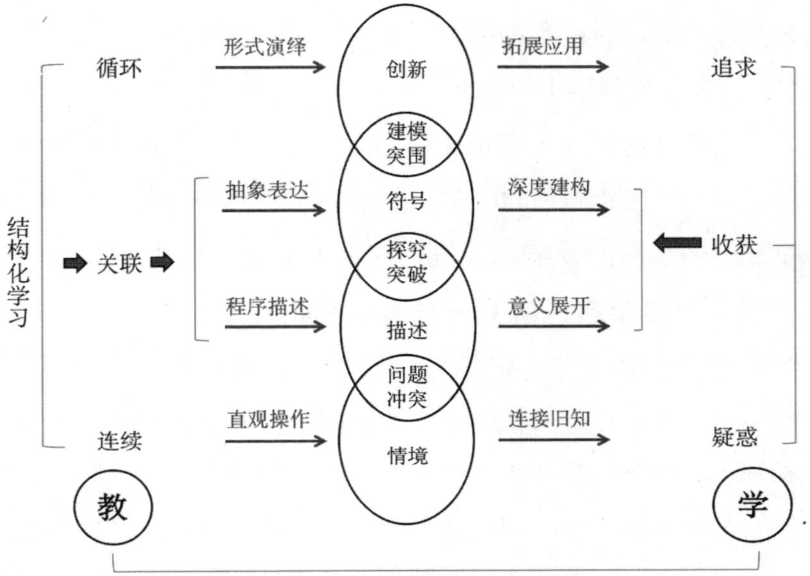

图4-1　结构化学习纵向学习层级

（一）连续：基于现实学情

“连续”，即“接”着学，“连”着学。物质世界是普遍联系的，学习只有贴近学生的“最近发展区”才是最有效的。从连续的视角进行分析学习内容和学情，使新知与旧知、经验与认知等发生联系，为学生学习自然发生做好准备。连续包括知识内容、知识元素、情境、思维、方法等。基于学生的认知和年龄特征，数学学习的内容是由简单到复杂，由具体到抽象，但不管如何一定是逻辑的、连续的。

（二）关联：着力自主建构

关联，是存在必然联系的各关键元素间的一种密切关系，关联元素之间常表现为一种结构存在。正如布鲁纳所说：“掌握事物的结构，就是以允许许多别的东西与它有意义地联系起来的方法去理解它。简单地说，学习结构就是学习事物是怎样相互关联的。”结构化学习就是要让学生在学习过程中实现知识点、线、面、体的多向关联。

（三）循环：专注素养提升

“循环”，即递进、上升，它包括知识、方法、思想、情感、态度、价值等循环，通过不断的循环，学以致用，加深理解、促进内化、拓宽视野，完善与发展学生的认知、思维、素养等结构。

总之，连续是起点，关联是关键，循环是保证，在这样整体学习过程设计中，教师既要走进教材、知识、学生，还要带领学生走进学习、走出学习，让学生的学习既向下扎根，又向上生长。

二、横向过程推进：情境—活动—评价

“教学始于一个教师知道要学什么和怎么教的问题。”PCK理论的创立者舒尔曼指出，PCK是教师多种知识的综合，内容包括学习者的知识、课程知识、教学情境知识和教法知识等，是教师专业理解的独特教学经验。教师的教学素养表现在实现知识的“两次转化”，“两次倒过来”。从结构化学习的角度来看，教师的学科教学知识在学生学习的过程推进中，则表现为“情境（情境知识）—活动（教学法知识、媒体教学知识）—评价（评价知识）”教的结构的横向设计。

（一）情境：知识产生的境域

《论知识在教材中的存在方式》一文中说道：“任何知识要具有生命力，都必须作为一个‘过程’存在于一定的生活场景、问题情境或思想语境之中。知识本来产生于某种特定‘境域’，按照科学社会学的观点，产生于知识发现者的生活、情感与信念，产生于研究者的知识，产生于研究共同体内外的争论、协商和各种思想支撑条件。”这种“境域”在教学上则称为情境。从数学教学角度看，数学教学要紧密联系学生的生活实际，从学生的生活经验和已有知识出发，创设各种情境，为学生提供从事数学活动的机会，激发对数学的兴趣，以及学好数学的愿望。因此，数学学习要在情境中发生，要符合学生的生活经验和认知水平；数学学习要在情境中发展，在经历数学活动中从事数学探究活动；数学学习的积极情感要在情境中得到培养，如兴趣、信心、习惯、愿望

等。情境是学习的场。结构化数学学习情境是有一定内在结构的，能够体现知识的整体性、认知结构的生长性、思维的连贯性、思想方法的一致性，三维目标的连续、关联和循环。

（二）活动：思维培养的炼炉

弗赖登塔尔将数学学习活动概括为“数学化”，即将实际问题抽象为数学问题、数学问题符号化、数学原理形式化、数学理论应用，抽象、符号化、形式化等都是思维的过程与结果，这与斯托利亚尔主张“数学教学是数学活动的教学”观点基本一致，“数学活动”都指向思维活动。只有通过不同的游戏、实验、具体实物的操作等，儿童才会从“活动”和“经验”中慢慢体验到事物的关系，从而建立数与形的概念，进而建立基本的数学思维模式。可见，数学学习活动，是数学思维加工的活动过程，是思维培养发展的过程。结构化数学学习活动是围绕真实情境引发认知冲突的思维连续活动，是探索发现核心概念内部元素的思维关联活动，是主动应用关照生活反思发展的思维循环活动，是培养学生核心素养的炼炉。

（三）评价：素养发展的助推器

评价最重要的目的不是为了证明，而是为了改进。《义务教育数学课程标准（2022年版）》指出“评价不仅要关注学生数学学习结果，还要关注学生数学学习过程，激励学生学习，改进教师教学。通过学业质量标准的构建，融合“四基”“四能”和核心素养的主要表现，形成阶段性评价的主要依据。采用多元的评价主体和多样的评价方式，鼓励学生自我监控学习的过程和结果。”这些都为小学数学结构化学习评价指明了方向。根据学程的不同阶段，在每个阶段结构化学习评价各有侧重，即连续情境中的形式转移，关联活动中的过程转变，循环应用中的价值转换。这“三转”即是结构化学程评价的核心，其中元素的发现、元素间的关联、积极情感的体验是评价的关键。

三、“3×3”结构化备课实践模型

为了简明扼要地准确把握学习过程，抓住学习各版块特点，渐次展开学习活动的层次，促进教师专业理解与专业素养的发展，根据学程模型，构建了“3×3”结构化备课模型（如表4-1所示）。

表4-1　“3×3”结构化备课实践模型

	情境	活动	评价
连续	设计经验情境，连续学生已有知识经验和生活经验，直观动作感知新知	经历系列感知活动，经验感知，形成认知冲突，学习定向，激发学生积极学习心向	是否体现教师主导作用，是否让新知的感知、思维和情意与已有知识经验结构、思维结构和情意结构产生连续，是否学习真实发生
关联	设计互动情境，经历“具象、表象、抽象”表征过程，程序抽象新知概念和模型结构	经历系列体验活动，体验理解、分析描述、表象建构，互动交流，启发学生思维方法	是否体现师生互动作用，是否让师生紧紧围绕核心元素进行积极互动，融通数学知识内在关联。是否达到“教结构—学结构—用结构”的自然融通
循环	设计实践情境，经历问题解决过程，迁移应用完善新知模型结构	经历系列实践活动，迁移应用，循环上升，诱发学生心智模式	是否体现学生主体作用，放手让学生自主探究、合作交流、实践应用、开放创新，实现知识结构、方法结构和思想结构的迁移应用、循环上升

上述“3×3”结构化备课将学生认知序列、情境认知、活动体验、评价反馈有机融合，统整优化，促进学生知识结构、情意结构和思维结构的协调发展，不断完善心智模式，更好提升学科核心素养的落实。

（一）纵向连贯，体现序列性

连续，知识结构上解决新知与学生已有知识经验或生活经验的对接连续，情意结构上将数学核心知识嵌入到学生熟悉经验或生活中引发学生学习新知的动机，思维结构上对嵌入到熟悉情境中的目标任务进行直观操作等从动作感知思维走向程序描述思维。关联，学生经历知识结构改造、扩充、完善的过程，学生心理编码从表象转换成概念符号、思维结构从程序描述思维走向符号思维，体验探索的艰难和成功的喜悦，推进情感、态度、价值观等情意结构的发展。循环，在学生经历数学知识二次抽象过程的同时将数学模型回归生活应用，体验到数学的应用、科学、文化和美学价值，形成数学思想和方法、数学结构和体系，从符号思维走向模型结构思维。

（二）横向融合，体现融通性

连续层级内嵌数学概念的情境任务，引发学生直观感知操作活动，在活动体验中对新知的感知、情意和思维与已有知识经验结构、情意结构和思维结构产生连续，相互融通、相互呼应。关联层级创设的互动情境，引导学生亲身体验数学新知的发生发展过程，经历数学知识建构的关键节点，触及学生的心灵深处，融入学生的精神世界。在活动体验中自觉评价反思是否与已有知识经验结构、情意结构和思维结构建构内在关联，互动生成、融为一体。循环层级创设的应用实践情境，学生经历探究、研讨、辩论、汇报等一系列实践活动体验，在活动体验中自觉评价反思是否实现在新情境中迁移应用，是否实现能力素养的循环上升，一脉相承、相互照应。

四、备课轴设计模型

如果说“3 × 3”结构化备课是实施结构化学习的学习预案简化版，那么备课轴则是精华版，指向学生数学学习的核心素养。为了便于操作，我们将结构化教学设计的备课轴分为认知结构、学的结构、思维结构、教的结构和知识结构等五个子结构，各个结构、对应环节及各元素间又有一定的关系，形成结构化设计模块，模块间又是紧密关联的。下面是结构化学习备课轴模型（如图4–2所示）：

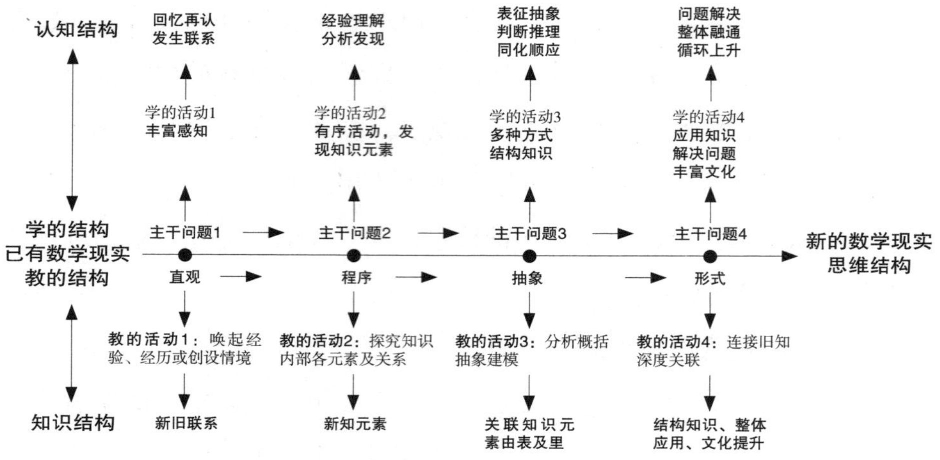

图4-2　结构化学习备课轴模型

（一）认知结构

认知结构的过程，就是不断地同化与顺应之间平衡的动态过程。对于每一课的学习，学生认知基本上经历这样一个过程：由感知觉引发注意，经过回忆、再认，与旧结构发生联系，在已有经验、经历、知识结构分析理解的过程中多元表征，经历概括、抽象、判断、推理，使顺应与同化达到动态平衡，形成新的认知结构，然后应用获得的新结构解决现实问题，使新旧结构形成一体，并成为以后的新结构的发展基础。

（二）知识结构

知识结构即知识的组织形式和关联方式。这里的知识结构包括课时知识结构、相关领域的结构、单元知识结构、跨年段的知识单元结构、后续知识发展的结构等。课时知识结构是一课的重点，要找到知识各元素及关系，这是知识的内部结构。同时要对教材做横向分析，看到外部的结构及这一课在单元、一册中的结构，找到这一课前面知识结构基础和后续发展结构之间的关联处。由内而外，由横向纵，由点到线、面、体，层层推进，不断深入，形成新的知识结构，在整体应用中实现学科文化价值的提升。

（三）思维结构

思维结构是主体能动认识世界所建立的概念、判断、推理的框架及其相互联结、转换和互动的形式。思维过程主要经历：直观思维—程序思维—抽象思维—形式思维。可见教与学活动的结构对思维结构会产生重要影响，因为思维是连贯有序的。设计时准确把握学生的数学现实，在一系列主干问题驱动、认知活动作用下，促使学生形成新的数学现实，思维得到发展，使知识结构转化为认知结构。

第二节　用字母表示数的“3×3”备课设计案例

一、用字母表示数的“3×3”备课设计案例说明（一）（如表4–2所示）

表4–2　“用字母表示数”“3×3”备课一

	情境	活动	评价
连续	欣赏儿歌《数蛤蟆》，第二段歌词会唱什么？你能编出来吗？ 照这样下去，这首歌能唱完吗？	交流编写想法，突出数量之间的关系	真实情境连续旧知模型结构的理解，思考教材为什么用这样的情境图，教师做出什么创造 核心概念，发现结构
关联	能只用一段歌词就把所有数蛤蟆的情况都表示出来吗？ 为什么用“a、a、$a\times2$、$a\times4$”就能把唱不完的歌词都包含进来了呢？	先填写学习单，再汇报交流 分层展示：用文字表达、用字母表达、用字母式表达 当a是多少时，就是第一段？当a是多少时，就是第二段？当a是多时，就是第一百段？	问题解决关联新知模型结构的建立，理解教材是如何安排知识学习的意义发生，教师做出什么设计 核心任务，创造结构
循环	$a\times4$还可以表示什么？ 学习简写规则	举例说说$a\times4$可以表示什么？ 阅读指导，习得简写规则，练习中巩固	综合应用循环整体思维的结构开放，明白教材是如何融会贯通，教师做出什么拓展 核心素养，深化结构

探索用字母表示数、数量关系、运算性质和规律的方法，感悟用字母表示的一般性，是从数到式，从数的运算到式的运算的一次认知飞跃，更是数学思想上的一次突破。学生对用字母表示数的理解、建构，可以通过如何表示“变量”这一字母表示的本质来理解学科核心内容，把握知识的内在联系，在连续、关联、循环的层次性学习中实现认知的迭代升华。

（一）连续经验：自主迁移，素材中感悟

数学来源于生活，又高于生活。创设学生熟悉的、喜欢的唱儿歌情境，一方面适应儿童年龄特征，给学生提供丰富的学习素材，并引导学生用数学的眼光观察现实世界，是培养学生核心素养的有效策略；另一方面为生活数学化打下基础，让学生感受数学与现实生活的联系，增强数学应用意识、创新意识和运算能力，体会数学的价值。师生共同研究用一句话概括儿歌的方法，学生通过具体数量与字母对比、文字与字母对比、三种字母表示方法对比，发现用字母表示数和数量关系的必要性。

（二）整体关联：多元表征，辨析中建构

史宁中教授指出：“应鼓励学生用自己独特的方式表示具体情境中的数量关系和变化规律，这是发展学生符号意识的重要途径。”文字、图形及字母等数学符号都是学生能够理解并接受的表达形式。

《课程标准（2022年版）》指出：“学生是学习的主体，教师是组织者、合作者、参与者”，给学生充分的探究空间，呈现多样化的表征方式，在交流、汇报、辨析中学习数学，一是可以引导学生感受用字母表示数的必要性，二是可以让学生理解用字母表示数的合理性，三是可以让学生感受用字母表示数的简洁性。通过辨析，可以感受到学生对$a\times4$这个式子逐渐深入理解的过程，学生通过对$a\times4$的理解，初步感受符号在生活中的魅力，体会数学的价值，达到培养学生核心素养的目的。

以问题提出的方式学习$a\times4$，深化学生对含有字母的式子的理解。充分给予学生学习机会，对学生的发散思维、创新能力的培养有一定的作用。让学生经历从具体到抽象、从抽象到具体，给学生举一反三的学习机会，拓展延伸学生对数学符号的理解，培养学生符号意识。

（三）循环应用：多次思辨，难点处突破

教师可以引导学生思考：都是用字母表示数，比较一下，它们用字母表示数时有什么相同之处？让学生充分展开综合性思辨，认识到这里都是用字母表示变化的数，含有字母的式子既可以表示一个结果，也可以表示数量关系，进而从具体到抽象地建立概念的表象，真正理解用字母表示数的本质。

用字母和用数学符号表示，你觉得它们有什么不同？促进学生对用字母表示数的意义的认识从低水平向高水平转变，深刻理解用字母表示变量的意义，进一步体会用字母表示数的优越性。

由算术思维的情境性、特殊性到代数思维的结构性、一般性，是一次认知的飞跃。“未知数→字母→字母式”，学生经历了认知失衡到新知建构的全过程，思维从特殊的情境性转向了一般的结构性，促使深度学习发生在教学过程中，利用核心问题把“未知数→字母→字母式”有效联结，学生的认知从感性到理性、从失衡到平衡，拾级而上，学生的思维从算术到代数、从浅薄到深刻，渐次丰盈，学生对用字母表示数有了深刻理解和深度建构，促进了思维的深度发展。

二、用字母表示数的“3×3”备课设计案例说明（二）（如表4-3所示）

表4-3 “用字母表示数”“3×3”备课二

	情境	活动	评价
连续	微信抢红包，猜猜多少钱？	任务一：想一个办法，把所有可能的数都包括进来 分层展示不同的表示方法，交流想法	真实情境连续旧知模型结构的理解，思考教材为什么用这样的情境图，教师做出什么创造核心概念，发现结构

续表

	情境	活动	评价
关联	第2个红包比第1个多5元。讨论：y与$x+5$哪个表示得更好？ 第3个红包是第1个的2倍。怎样表示既合理又简洁？	x在这里可以表示哪些数？ 借助视频学习简写规则，并判断说理："是$2c$大，还是c^2大？"	问题解决关联新知模型结构的建立，理解教材是如何安排知识学习的意义发生，教师做出什么设计 核心任务，创造结构
循环	哪个红包最小？哪个红包最大？	$2x$除了表示红包钱数之间的关系，还能表示什么？	综合应用循环整体思维的结构开放，明白教材是如何融会贯通的，教师做出什么拓展 核心素养，深化结构

在小学阶段，"用字母表示数"是促进学生符号意识发展的重要教学内容之一。教学围绕随机红包，感知字母可以表示可变数；比较思辨，体会含有字母的式子可以表示数量关系；内化结构，丰富字母表示数的代数意义；回顾过程，顺应字母表示数的历史发展，展开"用字母表示数"的教学实践。通过教学，学生的理解逐步从"特殊"走向了"一般"。

（一）连续经验：有效关联，经历知识再创造

"微信红包"作为新型电子红包是当下人们炙手可热的互动方式，选取这一学习素材既来源于生活又能够激发学生的学习兴趣。金额的随机性为学生理解可变数提供了学材支持，在课堂的伊始，教师出示未知的红包引发学生无限猜想，在所有的数值都被大家否定时，给予学习任务："想一个办法，把所有可能的数都包括进来。"学生积极想象创造，学习活动的过程也是学生进行数学知识再创造的过程，开启了学习理解的第一步。

（二）整体关联：促进理解，深化认知结构

从算术到代数，对学生数学学习具有重要的意义。"用字母表示数"对于小学生来说，从具体的、确定的数过渡到用字母表示抽象的数、可变的数是认识上的一次重大转折，更是认识上的一次飞跃。本课整体设计让学生经历经验理解（从猜到写）—形式理解（凸显关系，学会简写）—关系理解（从特殊到一般，去情境化）—观念理解（史料拓展，符号化思想）四个阶段，整体关联，让理解逐步走向深刻。

（三）循环应用：丰富内涵，有结构的延伸拓展

经历把实际问题用含有字母的式子进行表达的抽象过程，培养学生数学抽象概括能力。教师通过提问“$2x$除了表示红包钱数之间的关系，它还能表示什么？”将学生的视野从红包情境拉回到更为丰富的现实世界。学生从$2x$这个结构出发，将其表示的意义向生活中拓展。在交流过程中，让学生结合情境说明，不同情境中$2x$分别表示什么，从“基于情境”到“去情境化”，学生认识到“只要两个量有2倍关系，都可以用$2x$概括”，进一步理解含有字母的式子表示的实际意义。学生举的例子自成结构，又各有用意。在小结阶段，学生自然而然地提出：用字母或含有字母的式子，可以表示确定的数，也可以表示不确定的未知数，而数只表示确定的已知量。

三、用字母表示数的“3×3”备课设计案例说明（三）（如表4–4所示）

表4–4　“用字母表示数”“3×3”备课三

	情境	活动	评价
连续	用小棒摆三角形，怎样表示摆不完？ 你想用n来表示谁？	研究三角形个数与小棒根数的关系； 用学生创生的素材，逐步理解从具体走向概括	真实情境连续旧知模型结构的理解，思考教材为什么用这样的情境图，教师做出什么创造； 核心概念，发现结构
关联	一瓶饮料是300毫升，喝去一部分，你就会想到什么？又喝掉一部分，又喝掉的部分可以用什么来表示？	分别表示两次喝饮料后剩余的部分	问题解决关联新知模型结构的建立，理解教材是如何安排知识学习的意义发生，教师做出什么设计； 核心任务，创造结构

续表

	情境	活动	评价
循环	以前在数学课上碰到过字母吗?	规则介绍：是不是还可以写得再简单一点? 难点辨析：$3n$与n^3的不同	综合应用循环整体思维的结构开放，明白教材是如何融会贯通，教师做出什么拓展； 核心素养，深化结构

（一）概括：感受整体与关联

让学生在问题情境中展开学习，用简单的操作开启课堂教学，并提出“摆（　　）个三角形用（　　）根小棒”这一问题，比一比谁填的水平高。学习起点设置低，但问题具有开放性，为后续探究活动留下充足的空间。

学习的过程，是学生认知基础与新知相互作用、整体建构的过程。本环节从学生习惯性的思维方式出发，在对多种填法的概括性表达中，获得了对用字母表示数的价值意义的直接感受，在教师的引导下，学生能感悟到“从具体走向概括，用概括代替具体”的核心本质。

（二）构造：建立方法与策略

郑毓信教授提出：“要将数学思维的学习与具体数学知识内容的学习很好地结合起来。用思维方法的分析去带动具体知识内容的教学。”在学生已经初步获得了“用字母表示数”的方法后，变换素材和问题情境，扩展应用，强化感受，使得新知建构变得不简单。

通过精心设计问题情境，让思维拾级而上。通过创设喝饮料的真实场景，不仅激发了学生的学习兴趣，更引发了他们一系列的深层思考，由于无法直接测量喝去饮料的多少，倒逼学生用符号表示未知量，喝掉的饮料，从未知的x到已知的20，这是“用概括表达具体”的应用；x的取值范围从中间的任意数据到两边的极端数据，在交流中，揭秘特殊与一般、具体与抽象的关系，让学生领悟“x”不仅是代表某个值的未知量，而且是可变的、可代表一定范围内任意值的“变量”；两次喝掉的饮料，从第一次未知的x到第二次未知的y，是从一元到二元的跨越。这样的教学设计，结构性强，思维含量高，体现了知识的逻辑结构与思维的策略结构，凸显了教学结构的有序性、清晰性，兼顾了学生的迁移能力和运用能力，为学生未来解决类似的数学问题提供了经验基础和方法结构。

（三）整合：完善认知与结构

让学习真正发生需要建立在“自主建构”的基础上，将学习内容之间清晰的脉络和层次在头脑中建构、处理，以教材结构带动认知结构的发展和完善，这也是结构化学习的鲜明特色和重要任务。结构化学习中，学生不可能单纯依靠外部输入来建立认知结构与思维模式，需要依靠其自身积极的思维活动，因此在数学教学中，教师要努力让学生在意义领悟中完善认知结构，促进思维发展。

从文字公式出发，引导学生用字母表示计算公式，将具体的量及其关系进行抽象化、符号化表征，这样有助于学生在头脑中建构清晰的面积知识、周长知识，同时体验到“化繁为简、以简驭繁”的道理，促进学生认知结构的扩展与完善。从长方形、正方形的周长到面积计算公式，学生在探究的过程中，深刻感受“用字母表示数”的简洁性及其丰富的意义，促进了意义建构。

第三节　用字母表示数的备课轴设计说明

一、用字母表示数的备课轴案例（一）（如图4–3所示）

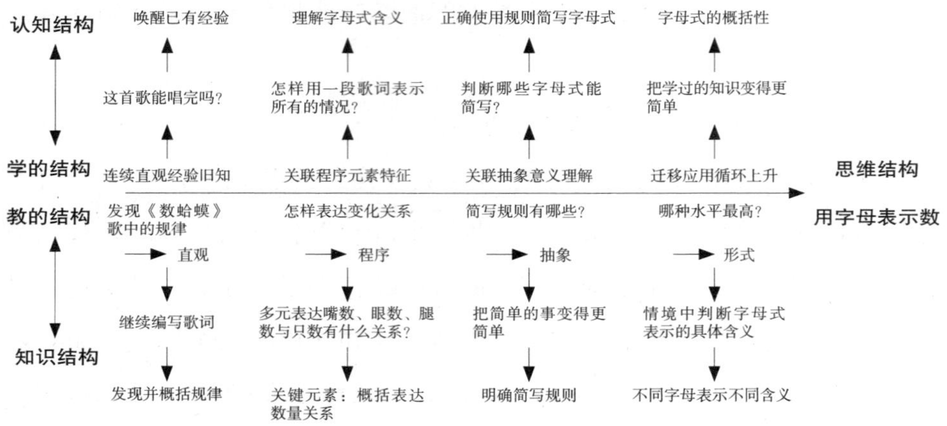

图4–3　课例一备课轴模型

（一）已有数学经验引发直观思维

【结构化模块】

知识结构 →	教的结构 →	思维结构 →	学的结构 →	认知结构
概括表达数量关系	多元表达嘴数、眼数、腿数与只数有什么关系？	怎样表达变化关系	怎样用一段歌词表示所有的情况？	理解字母式含义

【学程设计】

听儿歌《数蛤蟆》：1只蛤蟆1张嘴，2只眼睛4条腿。乒乒乓乓跳下水，蛤蟆不吃水，太平年。

说一说：这首儿歌，唱了蛤蟆的什么？（只数、嘴巴、眼睛、腿）

猜一猜：第二段歌词会唱什么？你能编出来吗？

学生编出第二段歌词：2只蛤蟆2张嘴，4只眼睛8条腿。乒乒乓乓跳下水，蛤蟆不吃水，太平年。

（交流编写想法）

追问：第三段、第四段、第五段歌词唱什么？照这样下去，这首歌能唱完吗？

在第五段歌词后面加上省略号“……”

（揭示数量之间的关系）

（二）多元表达理解关系引发程序思维

【结构化模块】

知识结构 →	教的结构 →	思维结构 →	学的结构 →	认知结构
概括表达数量关系	多元表达嘴数、眼数、腿数与只数有什么关系？	怎样表达变化关系	怎样用一段歌词表示所有的情况？	理解字母式含义

【学程设计】

提问：你能只用一段歌词就把所有数蛤蟆的情况都表示出来吗？

（填写学习单，然后汇报交流）

方法呈现：

①用文字表达，比如“无数、无数、无数、无数”或“几、几、几乘2、几乘4”等，意思越来越明确，关系越来越准确。

②用字母表达。比如“a、b、c、d”“a、a、b、c”“a、a、$a\times2$、$a\times4$”等，表达越来越简洁，关系越来越清晰。

强调：$a\times2$、$a\times4$是含有字母的式子（板书：字母式子），不仅表示关系，也可以表示结果。

（三）辨析规则开启抽象思维

【结构化模块】

知识结构 →	教的结构 →	思维结构 →	学的结构 →	认知结构
明确简写规则	把简单的事变得更简单	简写规则有哪些？	判断哪些字母式能简写？	正确使用规则简写字母式

【学程设计】

出示简写规则：含有字母的乘法算式中乘号通常可以记作“·”或省略不写；省略时，数字写在字母的前面；字母和1相乘，1也可以省略不写。

追问：读懂了这些规定，怎么把这段歌词变得更简单呢？

将歌词中的“$a\times2$”“$a\times4$”简写成“$2a$”“$4a$”。

小结：用字母来表示数量和关系，可以把复杂的事情变简单，简单的事情变得更简单！

（四）实际应用发展形式思维

【结构化模块】

知识结构 →	教的结构 →	思维结构 →	学的结构 →	认知结构
不同字母表示不同含义	情境中判断字母式表示的具体含义	哪种字母表示水平最高？	把学过的知识变得更简单	字母式的概括性

【学程设计】

（1）体会“不同字母具有不同的含义”

根据图4-4所示，说一说以下含字母的式子表示什么数量。

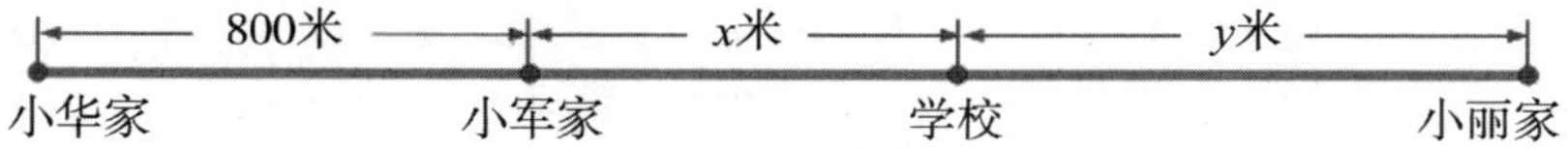

图4-4　“用字母表示数”教学评价题

$x+y$　　$800-x$　　$800+x+y$　　$y\div x$

小结：在同一个问题中，不同的数量用不同的字母表示，不同的含字母的式子表示不同的数量。

（2）根据下面的信息，用含有字母的式子表示数量

一本故事书200页，乐乐已经看了20天，每天看m页。

（3）生活中的字母

过渡：生活中或学习中我们经常接触到字母，回忆一下，有哪些情况？

① 汉语拼音　② 简写　③ 特指确定的数　④ 概括

思考：这里都有字母，但是水平不一样，你觉得哪个水平最高？

小结：$a+b=b+a$是最高水平！因为它代表了无数个加法交换律的算式。

（4）把以前学过的知识变得更简单

出示正方形，回忆：怎样计算它的周长、面积？

屏幕显示正方形周长和面积计算的文字公式。有了这两个公式，就能算遍天下所有的正方形的周长和面积。

学生回答后，课件展示字母公式：$C=a\times4=4a$，$S=a\times a$。

追问：还能再简单一点吗？

课件出示规则：相同字母相乘，比如$a\times a$，可以写成$a\cdot a$，也可写成a^2，读作：a的平方。

提问：面积公式怎么简写？知道“2”是什么意思吗？如果将来你看到字母a的右上角是“3”，你能猜出是什么意思吗？如果a的右上角是“4”，你知道是什么意思吗？

总结：数学就是要把复杂的事情变简单，把简单的事情变得更简单。

二、用字母表示数的备课轴案例（二）（如图4–5所示）

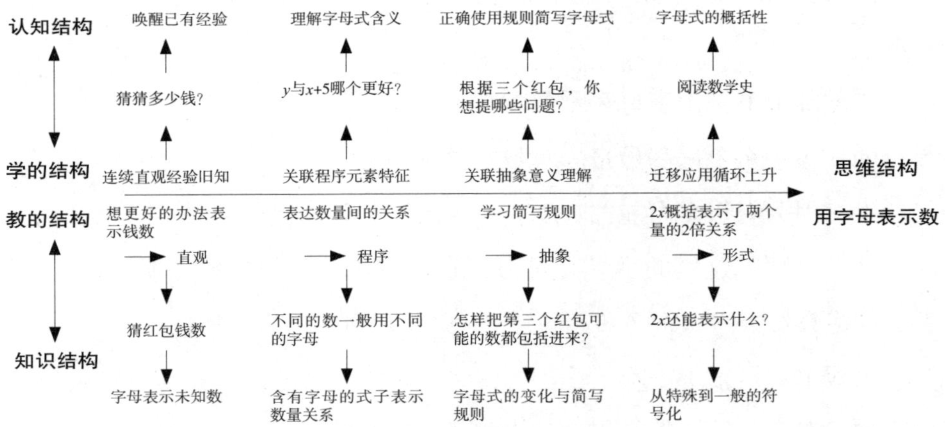

图4-5　课例二备课轴模型

（一）已有数学经验引发直观思维

【结构化模块】

知识结构	教的结构	思维结构	学的结构	认知结构
字母表示未知数	猜红包钱数	想更好的办法表示钱数	猜猜多少钱？	唤醒已有经验

（知识结构 → 教的结构 → 思维结构 → 学的结构 → 认知结构）

【学程设计】

师：（屏幕出示图片）前不久，老师的微信收到一个红包。猜猜多少钱？

生：10元、66元、888元、1分钱、200元……

师：（不断摇头）除了猜，有更好的方法吗？

教师出示任务一：谁能想一个办法，把所有可能的数都包括进来。学生写数字，教师巡视后选择典型作品展示。

生1：52元，因为我们班是五（2）班。

生2：……元，省略号可以代替所有的数。

生3：0.01～200元，我经常抢红包和发红包，红包最少是1分钱，最多是200元。

生4：我就用一个英文字母表示，是x元。

师：大家的思考很有创意。在数学上，人们通常用字母来表示未知数。

（教师板书：用字母表示数）

师：为什么要用字母来表示数？

生：因为有很多可能性。

师：是啊，这里的字母有魔力，它背后概括了很多数。那么，x可以表示哪些数？

（板书：概括）

师：对方可领取的红包金额为0.01～200元。

（板书：0.01～200元）

（二）认知发展中理解数量关系引发程序思维

【结构化模块】

知识结构 →	教的结构 →	思维结构 →	学的结构 →	认知结构
含有字母的式子表示数量关系	不同的数一般用不同的字母	表达数量间的关系	y与x+5哪个更好？	理解字母式含义

【学程设计】

师：我又收到一个红包。这次还猜吗？（生摇头）那你们打算怎么表示？

教师出示任务二：想一个办法表示，把第二个红包可能的数都包括进来。学生写数字，教师巡视后选择典型作品展示。

生1：用字母x表示。

师：一学就会，还有吗？

生2：一开始写的是x，后来换成y了。

师：为啥换个字母？

生（齐）：第二个红包不一定和第一个红包一样大，不能用同一个字母。

师：在同一个问题里，不同的数要用不同的字母来表示。收到第二个红包时，老师还收到一条短信："比第一个红包多5元。"你又想到了什么？

生3：x+5元。

师：y与x+5哪个更好？为什么？

生4：我觉得y更好，更加简洁。

生5：x+5更好，可以看出两个红包相差多少，写y就不知道到底是多少了。

师：x+5虽然长一些，但是它会"说话"——"我比前一个红包多5元"。也就是它不但能表示第二个红包的钱数，而且能表示出两个红包之间的关系。

（教师相机板书：关系）

师：我们对对口令，当$x=1$元，$x+5=$？……当$x+5=200$元呢？

生6：x不可能为200。

师：此时，x表示哪些数？你是怎样想的？

生7：因为第二个红包比第一个红包多5元，x的范围变成了0.01～195元。

（教师调整之前x的范围，板书0.01～195元）

（三）提问辨析中发展抽象思维

【结构化模块】

知识结构 →	教的结构 →	思维结构 →	学的结构 →	认知结构
字母式的变化与简写规则	怎样把第三个红包可能的数都包括起来？	学习简写规则	根据这三个红包，你想提哪些问题？	感受变中不变

【学程设计】

师：第三个红包来了。

课件出示：第三个红包是第一个红包的2倍。

教师出示任务三：想一个办法表示，把第三个红包可能的数都包括进来。学生写，教师巡视后选择典型作品展示。

生1：$x\times2$元。

生2：可以简写成$x2$元。

生3：不对，应该简写成$2x$元。

师：到底该怎么简写呢？看一个视频。

……

师：看懂了吗？接下来我们来做一组判断对错练习。

（1）$x\times3$可以简写成$3x$。（　）

（2）$x+3$可以简写成$3x$。（　）

（3）$c\times c$可以简写成$2c$。（　）

（4）$c+c$可以简写成$2c$。（　）

针对（3）（4）题，出示课件图4–6。

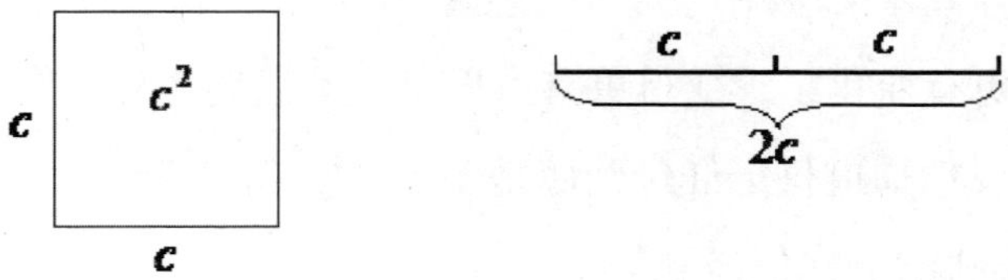

图4–6　课堂练习配图

师：你们觉得是$2c$大，还是c^2大？

……

教师出示任务四：根据这3个红包的信息，你能提出什么数学问题？

生4：此时，x表示哪些数？

生5：现在x最少是0.01元，最多是100元。

师：你是怎样想的？

生5：因为第三个红包最多是200元，而第三个红包是第一个红包的2倍。

生6：我想问，哪个红包最小？哪个红包最大？

师：好问题！在3个红包中哪个最小？

生（齐）：第一个。

师：哪个红包最大？

生7：我觉得是第三个红包，“$2x$”要比“$x+5$”多，比如$x=10$，$x+5=15$，$2x=20$。

生8：我觉得不一定，如果$x=1$，$x+5=6$，$2x=2$，第二个红包最大。

师：看样子，要么是第二个红包最大，要么是第三个红包最大。

生9（急切地举手）：老师，还有第三种可能，当$x=5$，$x+5=10$，$2x=10$。

师：好像发现这3种情况都有可能，为你们的思考点赞！学到现在，你感觉今天的数学与之前的数学有什么不同？

生10：有变化了，答案不唯一了。

生11：以前的数学是“死”的，现在变活了。

师：用字母表示数在数学史上是一次飞跃。有了它，数学就活了，数学从此就更有变化了，变得更有意思了。你们还有什么问题吗？

生12：我想知道每个红包到底是多少钱？

（教师揭晓3个红包金额）

（四）符号化过程中提升形式思维

【结构化模块】

知识结构 →	教的结构 →	思维结构 →	学的结构 →	认知结构
从特殊到一般的符号化	$2x$还能表示什么？	$2x$概括表示了两个量的2倍关系	阅读数学史	字母式的概括性

【学程设计】

师：$2x$除了表示红包钱数之间的关系，还能表示什么？

教师出示任务五：说一说，还能用$2x$表示什么？

……

师：能说完吗？对！只要两个量有2倍关系，都可以用$2x$概括，老师也讲个故事（“用字母表示数”发展史阅读材料，如图3-8所示）。

师：大家为数学家们点赞的同时，不要忘记夸奖一下自己。短短一堂课，我们就学会了用字母表示数。同样都是用字母表示数，我发现丢番图还早了1000多年，为什么偏说韦达是“代数学之父”呢？

师生讨论，明确：丢番图用字母表示“事物的缩写”，而韦达用字母表示“概括的符号”。

师：最后奖励大家一首儿歌《数青蛙》：（　　）只青蛙（　　）张嘴，（　　）只眼睛（　　）条腿。

用一句话唱完，按照以前的数学是不行的，今天呢？同学们写下来。

……

三、用字母表示数的备课轴案例（三）（如图4–7所示）

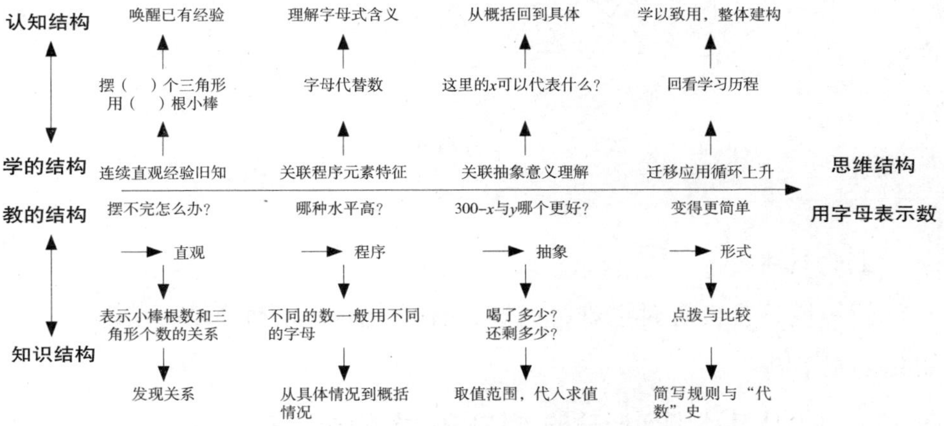

图4–7　课例三备课轴模型

（一）已有数学经验引发直观思维

【结构化模块】

知识结构 →	教的结构 →	思维结构 →	学的结构 →	认知结构
发现关系	表示小棒根数和三角形个数的关系	摆不完怎么办？	摆（ ）个三角形用（ ）根小棒	唤醒已有经验

【学程设计】

用小棒摆三角形，边摆边让学生观察三角形的个数和小棒的根数，摆好4个三角形后（如图4–8所示）：

师：这样摆，你们觉得有意思吗？

生：没意思。因为你接下去就会摆第5个、第6个。

师：能摆完吗？

生：不能。

师：摆不完，咋办？

生：用省略号。

师：一个省略号，就能把所有没摆出来的情况都包括进去了。这么一来，我想到一个问题出来。这道题，你们觉得难吗？

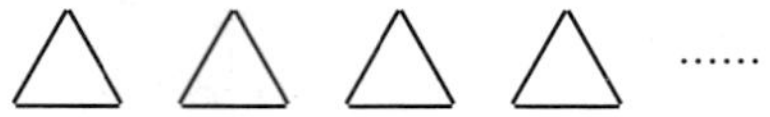

填一填：

摆（　　）个三角形用（　　）根小棒。

图4-8　课例三教学情境

生：不难。

师：说不难，有时也难；说难，有时也不难。动笔填一填吧，看看谁填的水平高。

（二）从具体走向概括的表达中引发程序思维

【结构化模块】

知识结构 →	教的结构 →	思维结构 →	学的结构 →	认知结构
从具体情况到概括情况	不同的数一般用不同的字母	哪种水平高？	字母代替数	理解字母式的含义

【学程设计】

展示一：摆（1）个三角形用（3）根小棒。

师：这位同学填的是1和3，同意吗？

展示二：摆（5）个三角形用（15）根小棒。

师：这位同学填的是5和15，同意吗？评价一下他的数学水平。

生：我同意他的填法，数大了，水平高了。

师：哦，你的想法是谁写的数大，谁的水平就高。如此想来，还有水平在这两位同学之间的啦？

生：有的，比如2、6；3、9；4、12。

师：我想看看有没有谁填写的数超过15的。

生：我填的是2000、6000。

展示三：摆（2000）个三角形用（6000）根小棒。

师：你的水平太高了！孩子们，发现了吗？这道题到底有多少种填法？

生：无数种。

师：那你说有必要写下去吗？

生：没有必要，用省略号。

师：小小省略号，作用无限大。（师指着板书）你们觉得现在把答案写全了吗？

生：写全了。

师：刚才大家都认为，填写的数大，水平就高。现在有什么想说的？

生：填写的数大，水平固然高，但是，写全了水平更高。

展示四：摆（n）个三角形用（$n\times3$）根小棒。

师：这位同学用了英文字母n，请你说说用这个n想表示谁？

生1：（上台指着1、2、3、4……）n表示这里所有的数。

师：你的意思是说，写这么多数，还要添上省略号才能写全，太麻烦了，我直接写个n不就好了嘛。（生点头）孩子们，这种想法有没有道理啊？那你想一想：它后面写的是什么？

生：$n\times3$。

师：$n\times3$是啥意思？有人能看懂吗？

生：因为1个三角形要用3根小棒，所以n个三角形就要用$n\times3$根小棒来摆。

师：（问生1）你是这么想的吗？

生1：是的。

师：请问，你是怎么知道乘3的？刚才咱们碰到乘3了吗？

生1：碰到了。

师：哪里用上了？比如，6怎么来的？

生1：2×3。

师：（对应着板书）1个3是1×3，2个3就是2×3，接下来就是3×3、4×3。也就是说，只要知道三角形的个数，它乘3就得到使用小棒的根数。刚才几位同学填空时，都直接把结果写出来的，我想问问，现在为什么不直接写个结果？

生1：因为n是未知数，所以后面这个我不确定。

师：$n\times3$代表哪些数呢？

生：3、6、9……

师：俗话说，千金难买回头看。我们回过头看看，我们一开始解决这个问题的时候，大家脑子里总是先想到什么呢？

生：数。

师：是一种情况和一种情况的具体数。我们以前研究的数学就是这样的，要用具体的数来解决问题。对不对？（生点头）这些情况我们可以称之为具体情况（板书：具体）。比如说，第一组数据讲的是哪一种具体情况？

生：摆1个三角形的情况，用3根小棒。

师：第二组数据讲的是哪一种具体情况？

生：摆2个三角形的情况，用6根小棒。

师：那第三组呢？

生：摆3个三角形的情况，用9根小棒。

师：对！这一组一组的两个数，都是在说一种一种的具体情况。我们从一年级到现在，是不是都是这么玩过来的？（生点头）跟一种种具体情况相比，这位同学的写法n、$n\times3$最大的不同是什么？

生：这个n和$n\times3$把所有的情况都包括进来了。

师：（双手做包围的动作）一网打尽了是吧。（生哈哈大笑）跟具体情况相比，这位同学的创意，你觉得该叫作什么情况呢？

生：可以叫用字母代替数。

师：你再说一遍，我把它写下来，改一个词，用字母表示数，一共6个字。就是用字母来代替所有情况。数学要把复杂的事情变简单，那这6个字能用一个词把它的意思表达出来吗？

生：字母代数。

生：大概。

师：大概情况。那叫具体情况，这叫大概情况。顺着他的想法，我给个词好不好？（板书：概括）上面的是具体情况，这个叫概括情况。也就是说，我们一开始都是习惯去想一种一种的具体情况，但是想到最后能把这些情况想完吗？想不完，所以就用省略号表示，而这位同学用字母概括以后就把所有情况都包括进来了。他带给我们一个新的世界，就是让我们从具体走向了什么？

生：概括。

师：那我问问大家，你觉得这个n可以代表谁？举个例子。

生：1、2、3……

师：现在如果你也用字母来表示的话，是不是也用n表示三角形的个数？

生：不一定，我用x。

生：我用a。

师：如果你用a的话，后面就是——

生：$a\times3$。

师：如果你用b的话，后面就是——

生：$b\times3$。

师：如果前面填a，后面填b，行不行？为什么不行？

生：同样的字母要代表同样的数。

师：什么没有说清楚呢？

生：关系。

（三）认知完善中发展抽象思维

【结构化模块】

知识结构 →	教的结构 →	思维结构 →	学的结构 →	认知结构
取值范围，代入求值	喝了多少？还剩多少？	$300-x$与y哪个更好？	这里的x可以表示什么？	从概括回到具体

【学程设计】

师：（拿出一瓶饮料）这瓶饮料有300毫升，如果我们喝去一部分，就会剩下一部分。

板书：300毫升饮料，喝去（　　）毫升，还剩（　　）毫升。

教师拧开瓶盖，请一位同学上台喝了一口。

师：好喝吗？哈哈，那可不能白喝。请问：你喝了多少毫升？还剩多少毫升？

生1：我用x表示，我喝去x毫升，因为我们没有测量到底喝了多少。

师：剩下来的谁来填？

生2：喝去x毫升，还剩x毫升。

生3：应该用其他字母表示，比如y表示。

生4：我认为应该是$300-x$。

师：哪个答案更好？

生：$300-x$。

师：为什么？我觉得y也蛮好的。

生：因为y没有表示出它们之间的关系。

师：是的，数学很奇妙——

生：关系最重要。

师：我们以前也是这么减的。知识以前减的时候，都是用300减去一个具体的数，今天用字母代替了数，所以只能用字母或字母式来代替答案了。

（教师板书字母式）

师：请问这里的x可以代表什么？

生：300以下的数。

师：假设x等于20，剩下多少？

生：280。

师：假设x等于0，说明什么？

生：说明他没喝。

师：x要是300呢？

生：全部喝完了。

师：对比一下，哪些是概括的情况？哪些是具体的情况？

生：$300-x$是概括的情况，$300-20=280$、$300-0=300$、$300-300=0$都是具体情况。

师：谁再来喝一口？你要比刚才那个男生喝的多一点。（生全喝完）

出示：300毫升饮料，第一次喝去x毫升，第二次喝去y毫升。两次一共喝了（　　）毫升，剩下（　　）毫升，第二次比第一次多（　　）毫升。

师：会解决吗？

生：两次一共喝了（$x+y$）毫升。

生：还剩下（$300-x-y$）毫升。

生：第二次比第一次多喝了（$y-x$）毫升。

师：简单吗？为什么简单？

生：因为有字母代替。

生：因为数量关系没有变。

师：经过刚才的学习，我们发现今天的学习好像要翻篇了。因为字母的引入，使得我们解决的数学问题一下子变得怎么样？这就叫把复杂的问题变简单。

（四）学以致用中孕育形式思维

【结构化模块】

知识结构 →	教的结构 →	思维结构 →	学的结构 →	认知结构
简写规则与“代数史”	点拨与比较	怎样变得更简单	回看学习历程	学以致用，整体建构

【学程设计】

师：现在已经很简单了，还要再简单，怎么简单呢？人们想出了一些办法，什么办法？

出示简写规则（如图4–9所示），教师带学生阅读简写规则并解释。

> **在含有字母的乘法算式中**
>
> （1）字母和字母相乘，乘号可简写成“·”或者省略不写。比如：$a\times b=a\cdot b=ab$。
>
> 如果是相同字母相乘，比如$a\times a$，可以写成$a\cdot a$，也可以写成a^2，读作：a的平方。
>
> （2）字母和数相乘时，乘号可简写成“·”或者省略不写，省略不写时，数要写在字母的前面。比如：$a\times 3=a\cdot 3=3a$，$7\times y=7\cdot y=7y$。
>
> 如果字母和1相乘时，1也可以省略不写。比如：$a\times 1=a$，$1\times m=m$。

图4–9　含有字母的乘法算式简写规则

师：有了这些简写规则，就可以把简单的事——

生：变得再简单。

师：回顾刚才我们发现的一些含有字母的式子，可以简化吗？

生：$n\times 3$，可以把乘号改成点。

师：这就叫把复杂的事情变简单，简单的事情变得更简单。

出示：$4\times b$、$k\times 5$、$a\times c$、$1\times x$、$x\times x$、$x+x$。（学生快速说答案，教师适当点拨）

师：$x+x$好简化吗？

生：这是相同字母在相加，可以简化为$x \times 2$，就是$2x$。

师：万一有一天你发现x的上面写了一个小小的3（板书x^3），猜猜看是什么意思？

生：3个x相乘。

师：对比x^3和$3x$，你们觉得是一回事吗？

生：x^3表示3个x相乘，$3x$表示3个x相加。

师：到六年级我们就会碰到像x^3的情况。如果x右上角是个100呢？

生：就表示100个x相乘。

师：这种形式到初中就见到了。所以，有句话是这么讲的：最美的风景总在远方。

师：以前的学习中，咱们有没有碰见过用字母表示数的情况呢？

生：我们学过加法交换律，$a+b=b+a$。

生：还有加法结合律、乘法交换律、乘法结合律、乘法分配律都可以用字母表示。

（出示字母表示的运算定律）

生：计算长方形周长和面积的时候，也用过。

师：他一下子把我们带回到三年级。

（出示长方形、正方形面积的文字公式和字母公式）

师：由文字公式变成字母公式就变简单了，所以我们当时已经碰到了。用今天所学的方法，我们还可以把这几个字母公式写得再简单一点，$S=ab$、$S=a^2$。既然面积公式可以这么写，你们想到了什么？

生：周长。

（出示长方形、正方形周长的文字公式）

师：下面我们就来改造。

生：长方形的周长$C=2（a+b）$。

生：正方形的周长$C=4a$。

师：回想一下这节课，你最大的收获是什么？我想听点高水平的。

生：我会用字母和字母式表示数了。

生：用字母表示数能把具体变成概括。

生：我知道了数和字母相遇的时候可以简写。

师：乘法简写，数优先。

生：我还知道一句话——数学真奇妙，关系最重要。

师：孩子们，今天这节课我们走到了一个新的数学世界。回到课题上来，把“用字母表示数”六个字再简化，再概括。

生：字母代数。

生：代数。

师：对，这是一个新的领域，就叫“代数”。最后，我们再来看看，这个“代数”的历史到底是怎么发展过来的。

（播放微视频）

早在3800年前，古埃及人用“堆”表示特定的数。公元4世纪前后，古希腊数学家丢番图（约246—330年）开始用希腊字母表示数和一些运算，成为用字母表示数的先驱。这之后又经历了1200年，16世纪的法国数学家韦达（1540—1603年）才有意识地、系统地用字母表示数，因此，他被尊称为“代数学之父”。

第五章　学评监控：促进素养提升

小学数学结构化学习的学评监控旨在建立目标多元、方法多样的评价体系，评价既要关注学生的学习结果，也要重视学生学习的过程；既要关注学生的数学学习水平，也要重视学生在数学活动中表现出来的情感与态度。本章节围绕“用字母表示数”结构化知识体系，实施科学的评价内容，全面考查学生结构化学习水平尤其是结构化思维的水平，指向深度学习和核心素养的发展。

第一节　基于迁移应用的例题与习题整合

一、用字母表示数的教材习题整合

在实践教学中，教师比较重视教材中范例的教学，但往往忽略对教材习题的研究，有时仅仅把教材的习题作为作业布置给学生，缺少对习题的挖掘和对习题教学过程的整合，使得习题功能弱化。

实际上，习题是小学数学教材的重要组成部分，是学生进行有效学习的重要载体。教材中习题的编排有知识应用与技能形成的功能，也能积累学生基本的活动经验，激发学生的数学思考，鼓励和发展学生的创造性思维。

（一）归并整合

表5-1　用字母表示数的教材习题归并整合

例题	儿童生活经历	旧知链接	数学方法	数学思想	领域载体
例1—例3 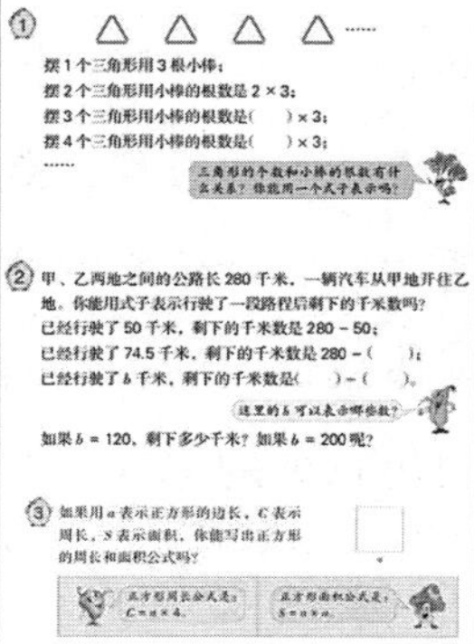 ① 摆1个三角形用3根小棒； 摆2个三角形用小棒的根数是2×3； 摆3个三角形用小棒的根数是（　）×3； 摆4个三角形用小棒的根数是（　）×3； …… 三角形的个数和小棒的根数有什么关系？你能用一个式子表示吗？ ② 甲、乙两地之间的公路长280千米，一辆汽车从甲地开往乙地。你能用式子表示行驶了一段路程后剩下的千米数吗？ 已经行驶了50千米，剩下的千米数是280－50； 已经行驶了74.5千米，剩下的千米数是280－（　）； 已经行驶了b千米，剩下的千米数是（　）－（　）。 这里的b可以表示哪些数？ 如果$b=120$，剩下多少千米？如果$b=200$呢？ ③ 如果用a表示正方形的边长，C表示周长，S表示面积，你能写出正方形的周长和面积公式吗？ 正方形周长公式是：$C=a\times4$。 正方形面积公式是：$S=a\times a$。	摆小棒； 日常生活中常见行程问题的经验	实际问题中的基本数量关系（一至四年级）； 用字母表示运算律、面积公式	独立思考 相互交流 观察比较	归纳 对比 抽象	①具有简单规律的数学问题并概括其数量关系 ②具有简单数量关系的数学问题 ③有关图形面积、周长的问题
例4—例6 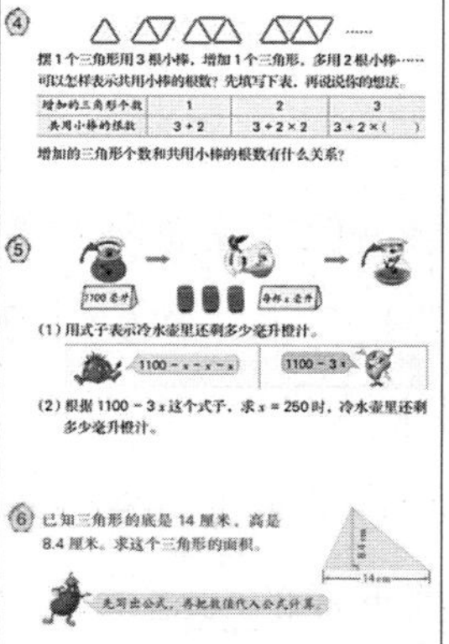 ④ 摆1个三角形用3根小棒，增加1个三角形，多用2根小棒……可以怎样表示共用小棒的根数？先填写下表，再说说你的想法。 增加的三角形个数：1；2；3 共用小棒的根数：3+2；3+2×2；3+2×（　） 增加的三角形个数和共用小棒的根数有什么关系？ ⑤ 1100毫升　每杯x毫升 （1）用式子表示冷水壶里还剩多少毫升橙汁。 1100－x－x－x　　1100－3x （2）根据1100－3x这个式子，求$x=250$时，冷水壶里还剩多少毫升橙汁。 ⑥ 已知三角形的底是14厘米，高是8.4厘米。求这个三角形的面积。 14 cm 先写出公式，再把数值代入公式计算。	摆小棒； 倒果汁的生活经验；算图形周长、面积的经验	实际问题中的基本数量关系（一至四年级）； 用字母表示运算律、面积公式；混合运算	独立思考 相互交流 观察比较	归纳 对比 抽象	①含有两步计算的数学问题 ②含有两步计算的周长、面积问题 ③已知字母值求含有字母式子的值
例7  ⑦ 小华用小棒摆了a个三角形，小芳用小棒摆了a个正方形。你会用含有字母的式子表示小华和小芳一共用了多少根小棒吗？	摆小棒； 日常生活中常见行程、购物的经验；算图形周长、面积的经验	实际问题中的基本数量关系（一至四年级）； 用字母表示运算律、面积公式；混合运算	独立思考 相互交流 观察比较	归纳 对比 抽象	①涉及计算的形如$ax+bx$的数学问题 ②已知字母的值求含有字母式子的值

从表5-1这一单元的例题整合分析可以看出，本单元含有7个例题。用含有字母的式子表示简单的数量关系和计算公式、用含有字母的式子表示稍复杂的数量关系和计算公式、求含有字母的式子的值以及化简含有字母的式子。主要理解和认识用字母表示数，只不过根据数量关系的难易程度逐步加深，同时在此基础上迁移到用代入法求值。用字母表示数的知识全部涵盖，教材例题的设计体现知识的结构完整性。

（二）结构对比

例1、2、3后面的“练一练”第2、3题（如图5-1所示）。第2题借助“数”领域里的常见生活问题，考查学生怎样表示任何时候妈妈与玲玲的年龄关系。第3题借助“图形”领域中面积计算公式，考查学生怎样表示长方形的面积。“用字母表示数”在数与图形中同样出现。而且两种题型的字母都表示未知数、一类数，反之也表示特定的数，体现字母表示数的概括性，同时含有字母的式子表示数量关系，也表示结果。

练一练：

2. 根据“妈妈比玲玲大28岁”填写下表。

玲玲/岁	1	2	3	4	…	a
妈妈/岁	1+28				…	

3. 用S表示长方形的面积，写出长方形的面积公式。

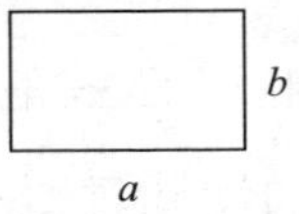

图5-1　苏教版教材“练一练”第2、3题

二、用字母表示数的习题重构

（一）习题重构的背景与意义

教材中的习题，都是经过多维考量和多元论证而有机编排的，承载着不同的“使命”，但教材存在一定的局限性，如因考虑普适性，而忽视特殊性及学生的个性；因具有一定的稳定性，而影响了时代性。这就需要我们教师深入挖掘，在理解的基础上，根据本班学生实际情况做好必要的重构。

课后练习的多维重构，应以教材为依据，以学生实际为出发点，以学生可接受性为尺度，体现“实”，重视“用”，突出“活”，要有“度”。通过课后练习的科学重组，让单一、枯燥的练习别有乐趣，充分开拓、发挥学生思维的积极性。引导学生从不同角度来重新审视题目，学会系统思考，有利于学生形成知识体系，培养创新能力。课堂中，对练习的合理利用可以显著地提高课堂教学效率，一题多用、一题多做在操作层面保证了课堂教学内容有效落实的同时，减少了习题的重复练习，还能达到减负增效的目的。

（二）教材习题重构例谈

1. 案例呈现

【原题1】例1

①

摆1个三角形用3根小棒；

摆2个三角形用小棒的根数是2 × 3；

摆3个三角形用小棒的根数是（　）× 3；

摆4个三角形用小棒的根数是（　）× 3；

图5-2　苏教版教材例1情境

如果用a表示三角形的个数，小棒的根数是（　）×（　）。

例题的设计意图在通过用小棒摆三角形的操作先让学生用乘法算式分别表示摆2个、3个、4个三角形所用小棒的根数，再通过对题中的数量关系以及所列乘法算式共同特点的分析与比较，引导学生用字母a表示三角形的个数，并尝试用乘法算式表示摆a个三角形用小棒的根数，从而体会$a \times 3$既表示a个三角形小棒的根数，又表示所用小棒根数与摆出三角形个数之间的数量关系（如图5-2所示）。但殊不知这样不能体现字母所具有的概括和抽象的作用。

【创新设计】

可以在列举前4个具体例子情况下，补充问题。填一填：摆（　）个三角形，用（　）根小棒。这样设计挑战性问题，逼得学生思考填任何一个数字都只是一种情况，怎样才能表示所有情况呢？用上字母就迎刃而解，它的概括性、抽象性就充分体现出来，使学生的符号意识、抽象思维得到培养。

【原题2】苏教版教材“练习十八”习题3

此题要求根据具体生活情境中已有数量关系，写出含有字母的式子。目的让学生进一步巩固运用含有字母的式子表示数量及数量关系。

【创新设计】

你能根据情境图用字母或含有字母的式子说出情境的意思吗？

果园里梨树的棵数是桃树的2倍，梨树有（　）棵（如图5-3所示）。

图5-3　创新设计题（一）

现在校园巴士里有（　）人（如图5-4所示）。

此设计方法，以情境图呈现，用字母或含有字母的式子说出情境图的含义，更凸显出学生用字母表示未知数的作用，避免学生使用字母的

图5-4　创新设计题（二）

单一性，培养学生的抽象概括的数学思想、符号意识。而且该情境选择贴近学生生活，能够激发学生的学习内驱力。

2. 策略分析

小学数学结构化学习，是基于数学学科的整体系统性、结构关联性的本质特征，展示学生数学学习的自然样态的学习过程，即从结构化数学知识本身出发，通过结构化学习活动，达到数学学科核心素养目标要求。基于小学数学结构化学习的特点，我们需要合适的评价方式与评价作业设计来测评学生在学习过程中知识技能、思想方法是否习得，发现和提出问题、分析和解决问题的能力是否得到提升，数学核心素养是否得到一定的发展。

（1）设计综合练习，引导学生运用知识深化理解

案例（一）

出示：吴老师照片（略）

师：能猜出吴老师的年龄吗？

生1：40岁、43岁、35岁……

生2：a岁

师：a可以表示任意数吗？（不能是0岁，不能比100大，不能是负数岁等）

出示：吴老师女儿的照片（略）

师：猜年龄？

生1：a岁

生2：不能是a岁，因为这样表示和爸爸一样大。

生3：b岁

出示：$a-27$，你能知道什么？

生：表示女儿比吴老师小27岁。

师：$a-27$还可以表示什么？

生：女儿的年龄是$a-27$岁。

师：当吴老师30岁时，女儿多大？当吴老师31岁、32岁、50岁时呢？

师：什么在变，什么不变？

出示第三人$a-2$岁

师：猜一猜是谁？为什么？

师：当吴老师女儿是x岁时，吴老师、第三个人的年龄怎样表示？

生：吴老师$x+27$岁，第三人是$x+25$岁。

师：这三人的年龄什么在变，但什么没变？（年龄在变，但数量关系不会变）

此练习即为一道综合题，展现了用字母表示数、含有字母的式子表示数的过程。通过连环情境、一题多变的形式、正向逆向的问题，让学生充分理解和掌握用字母表示数的意义与方法，感受到用字母表示数的价值。培养符号意识，抽象概括数学思想。

（2）设计梯度练习，锻炼逻辑思维能力

正如案例（一），层层递进、由易到难、由单一到综合，不仅促进了知识技能的掌握，而且适应了不同层次学生的需要，培养学生抽象概括的能力以及符号意识。真正使人人获得良好的数学教育，不同的学生得到不同的发展。第一层次单向直接用字母表示数。第二层次$a-27$表示什么意思？逆向表达，促进学生对用字母表示数和数量关系的理解。第三、四层次的问题进一步帮助学生理解用字母表示数的简洁性和概括性，同时理解不管年龄怎么变但三个人之间的年龄差不会变，即数量关系不会变。

（3）设计开放性习题，培养学生的探究能力

案例（二）（如图5-5所示）

图5-5　案例（二）情境

师：在很久很久以前，一个笼子里有x只鸡……你们能像这样也编一个含有字母的故事吗？

生1：还有$8-x$只兔。

生2：鸡有$2x$只脚。

生3：兔有（$8-x$）×4只脚。

生4：鸡和兔共有（$8-x$）×4+$2x$只脚。

此题在课后设计这样一道鸡兔同笼问题，首先，题目源于1500多年前的我国古代名题，学生饶有兴趣。其次，开放的题型让学生的提问融挑战性与知识应用于一体，给不同的学生提供施展的舞台，不同思维水平的学生得到不同的发展，培养探究能力，发展数学思维。

3. 评价要点

（1）设置变化情境，促进迁移应用

学习情境的创设，可以激发学生学习的好奇心和求知欲，帮助学生经历知识形成的过程，提升分析和解决问题的能力。但单一的情境不利于学生突破现有的知识框架，提升迁移应用的能力，激发思维的活力，而变化的情境创设可以将枯燥、抽象的数学知识变得丰富多彩，从而让学生在观察、分析、类比、猜想和进一步探究总结的过程中完善认知，提升思维能力，培养创新意识。如探究完“红包里的数学”后，$2x$除了表示红包钱数之间的关系，还能表示什么？师提问“你能说说x、$2x$表示的

含义吗？”x可以表示橙汁的数量、重量、容量、价格等，$2x$表示两杯橙汁的数量、重量、容量、价格等。甚至还可以表示一辆中巴车载x人，两辆中巴车载$2x$人；一袋饼干x元，两袋饼干$2x$元……情境的转换有利于学生由具体事物转到一类事物，真正理解和感受用字母表示的概括性和抽象性。

（2）多元方法表达，打破融通融合

用字母表示数，不仅体现在数与代数领域里，也体现在生活中，如红包里的数学及蛤蟆的嘴、眼睛和腿的数量等。还体现在图形里，如正方形的周长与面积等。

（3）回顾自我认知，实现创新创造

教学中，教师引导孩子进行自我回顾与反思，是通过“评价”不同层面的育人要求，回来引导学生再认识去实现的。教师引导学生“回头看”，站在更高的角度重新回头审视例题，在完善自我认知的同时也要进一步实现拓展突破。课堂的末尾设置开放性问题评价，例如：“今天学习了用字母表示数，你有什么新的想法？还有什么问题？”类似开放性问题评价的抛出能够为学生打开“多扇窗户”，激发学生问题再生，学生在自我反思和完善认知的同时，也激发了积极的学习热情，实现创新创造。

第二节　基于跨领域跨学科综合问题解决

一、用字母表示数的跨领域整体关联结构与应用

（一）不同领域“用字母表示数”知识的关联

《义务教育数学课程标准（2022年版）》指出：“义务教育阶段数学课程内容由数与代数、图形与几何、统计与概率、综合与实践四个学习领域组成。”“用字母表示数”的内容隶属于数与代数的内容。结合结构化学习整体意义关联的理念，对“用字母表示数”结构化学习课堂

的实施过程开展跨领域学习评价应该把用字母表示数的知识与其他三个领域融合融通起来，并与结构化学习的三个阶段学习特征相匹配，设计出可促进师生反思及调节教与学精度的学评任务（如表5-2所示）。

表5-2　认识用字母表示数的跨领域学习评价

教学环节	测评目标	测评题设计思路	测评题样例
连续	反映新知与学生已有生活经验、学习经验自然连接的方式、状态与程度，并通过学生的表现反馈学生的发生点	找准学生已有生活、学习经验与新知的连接点，在数与代数、图形与几何领域进行设计，可以充分暴露出学生已有经验中的认知偏差	你能用一句话说说下面的儿歌吗？ （1）1朵梅花5个瓣 2朵梅花10个瓣 3朵梅花15个瓣…… （2）当玲玲1岁时，妈妈29岁；当玲玲2岁时，妈妈30岁；当玲玲3岁时，妈妈31岁…… （3）用S表示长方形的面积，a表示长方形的长，b表示长方形的宽，C=（　　），S=（　　）
关联	考查学生用字母（含有字母的式子）表示特定情境下的未知数，确定字母取值范围，字母与字母、字母与数字相乘的简便写法，特殊到一般理解用字母表示数的符号意识	提供的素材丰富且具有一定的层次性，有助于学生梳理出清晰完整的具有生长性的知识结构；注重思与行的结合，调动多种感官协调运作；独立思考与交流讨论结合；代数与空间图形领域、抽象与推理、模型建构融通融合的手段与方法	（1）猜猜老师的红包多少钱？  你们能想一个办法表示出所有可能的钱吗？第2个红包比第1个红包少5元，你知道是多少钱吗？第3个红包是第1个红包的2倍，你知道是多少钱吗？ 根据3个红包的信息，哪个红包最大？为什么？ x、$2x$还可以表示什么？（在数与代数领域） （2）如果用a表示正方形的边长，C表示周长，S表示面积，你能写出正方形的周长和面积公式吗？（图形领域）

续表

教学环节	测评目标	测评题设计思路	测评题样例
循环	反馈学生是否建立起较为全面的认知结构，促进学生的自我反思、质疑问难的学习态度及学习能力	测评内容丰富、形式灵活，能促进学生回顾总结，并从中得到启发，产生新的认识、见解及创意，让学生对本课的知识结构、思维结构形成趋于完善；能通过适宜的方式让学生产生深一层次的认知冲突，鼓励学生质疑，使本课的知识结构得以延展	（1）鸡兔同笼问题 （2）三个连续奇数，中间一个数是m，最大的数是（ ），这三个连续奇数的和是（ ），若三个连续奇数的和是63，最小的数是（ ） （数与代数领域） 哪一部分的面积是ab？红色部分图形的周长是多少？哪一部分的面积是ac？黄色部分图形的周长是多少？ 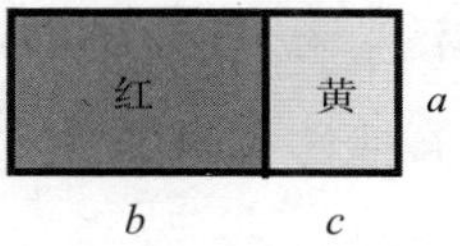 （图形与几何领域）

结构化课堂实施过程评价指标按连续、关联、循环三项进行考察实施的过程与效果，以促进教师理解结构化教学的特征，自觉实施结构化教学，通过结构化的教学真正实现学生结构化的学习。

1.情境连续

连续，就是对接学生的知识经验和原有认知基础，开展知识的研究和建构。连续又可以分为经验连续、元素连续和目标连续。

（1）经验连续

评价内容：能找准学生用字母表示数生活经验和学习经验的连接点，精选与学生的学习连接点密切联系的学习内容：学习内容能兼顾不同层次学生，使全体学生参与。

“用字母表示数”的已有经验包括发红包、摆小棒、乘坐汽车等生活经验，还包括常见的数量关系、和差关系、倍数关系，如单价×数量=总价、速度×时间=路程、每份数×份数=总数，用字母表示运算律、平面图形的周长、面积公式等。

（2）元素连续

评价内容：基于学生已有知识与经验，围绕数学的核心内容展开，有针对性地进行顶层理解、分析、把握与设计，使学生切实理解所学内容；在教师的引导下，学生能通过自主探索、小组合作交流等方式，围绕问题的核心主题而展开，进而促进学生深入而有意义地学习，探寻知识内、知识间的结构，实现知识结构与认知结构的有机联结。

元素是自然界中一切实在物体最简单的组成部分。结构化学习元素不仅包括学习内容被分解成的各个基本要素，也包括知识点背后的数学思想、数学方法、核心素养等。“用字母表示数”的元素主要含有规律的两大特征：概括性和简洁性。

（3）目标连续

评价内容：目标内容明确具体，能够体现结构的整体性，体现出数学知识的习得、数学思想方法的渗透与数学基本活动经验的积累以及情感态度价值观的培养；目标有弹性，能面向全体，尊重学生差异，促进学生的差异性学习，使不同层次学生在实现基本目标的同时获得全面发展。学习目标要能体现出过程、能力、方法、态度等多方面的生长性，有弹性生成的空间，有融会相通的过程。

2.结构关联

结构化学习过程中的关联就是把单课时知识内容与同单元其他课时内容、同领域其他单元内容、同学科其他领域内容以及学科外世界联系起来，形成完整的结构促进学生认知结构的不断完善，达成单元整体教学，包括内容关联、活动关联、方法关联。

（1）内容关联

评价内容：创设的情境真实、开放、融通、和谐，有利于学生独立思考，让学生经历存疑、析疑、解疑、质疑的全过程；设计的问题能由点发散，有层次推进，促进学生进行结构化的学习探究，提供的素材有助于学生理清知识结构，实现点、线、面、体的多向关联。

学习内容的关联至少包括与旧知的关联、与素材的关联、一节课中所学知识间的关联以及后续知识的关联。“用字母表示数”即表示特定情境下的未知数、一般意义下的用字母表示数、字母与数字（字母）相乘的简便写法及用字母表示数的历史。而从古希腊丢番图到韦达的表示方法也是一个从具体到一般的发展过程，这和个体的思维发展具有一致性。

（2）活动关联

评价内容：组织的活动围绕学生认知结构和知识结构逻辑展开，注重做与思的结合，调动学生多种感官协调运作，能帮助学生提高对知识的掌握、转换和迁移，促进自主建构；尊重学生的差异，给学生留有足够的空间与时间，使每一个学生都能真正地投入学习、深度学习、思维共振、感受共鸣；鼓励组内交流、组际交流，互助探究，共同提高，进而实现学习整体效率的提高。

从认知的层面看，数学活动主要包含如下几方面：数学的实验操作活动、算法规则的操作练习活动、数学交流活动等，这些活动都指向学生的数学思维活动这一本质活动，促进学生思维的发展与能力的提高。

（3）方法关联

评价内容：能采用逻辑推理、表象抽象、符号模型等方法引导学生在知识探寻与自我创造的学习过程之中，沟通新旧知识间的联系；能够敏锐觉察到学生在课堂中的情感状态、情感变化。对学生不同回答做出反应、梳理和引导，培养学生由“点”及“网”的“织网”能力，为下一步学习做好准备。

3.价值循环

知识的学习是串联起来的，某一知识的学习与掌握既是一个阶段的终点，也是下一个阶段学习的起点，学习就应该是运用经验去探索、发现新知识的循环往复的过程。同时，学生的认知结构完善也是经历认知冲突的动态平衡来实现的。循环包括知识本身的循环、学生认识的循环以及由知识学习生发的情感的循环、价值的循环。

（1）练习循环

评价内容：提供层次分明、结构联结的习题，在组织练习中引导学生内化知识，巩固结构；练习要求明确、内容丰富、形式灵活，能组织有效的展示与交流，学生有新的认识、见解和新的创意形成，开拓延展结构。

练习是把知识转化为能力的途径，为下一层次学习做好准备。前后连贯、环环相扣的练习对优化课堂教学过程、提高课堂教学效率、拓展学生思维空间起着重要的作用，有助于学生再次构造知识模型，强化认识，形成严密紧凑、和谐完整的认知结构。

（2）总结提升

评价内容：对学习过程和学习内容进行有重点和针对性的回顾、概括，形成过程结构与内容结构；对学习方法注意提炼，突出自内而外、自下而上的自主生长性，形成方法结构；对学习过程进行评价，突出学习中学生表现的主动性及思维的灵活性、开放性和创造性。

结构化学习提倡根据知识的内在联系或者外部相似性特征对知识进行归类，使知识条理化、组块化。回顾整理的功能主要是让学生通过观察和思考找出各部分内容之间的关系或者蕴藏的规律，以达到完善认知结构的目的。

（3）活动延伸

评价内容：能鼓励学生质疑，针对学习内容提出新问题并进行资源整合，根据学习要求进行后续活动的延伸。

结构化学习重视学生对知识学习的自然延伸，在自然而然的知识应用中，激起学生的问题再生，有序创造知识结构。“用字母表示数”最后的拓展练习，当列出“鸡兔一共$4(8-x)+2x$时，当鸡和兔共26只脚，能求出鸡和兔各有多少只吗？”将用字母表示数与方程建立联系，渗透用字母表示数的价值。

二、用字母表示数的跨学科整体关联结构与应用

（一）跨学科视角下的用字母表示数（如表5-3所示）

跨学科是以真实情境中的问题探索或解决为指向，对所涉及的不同学科知识和方法进行整合。跨学科的着眼点不是两学科或多学科知识内容的简单融合，而是多学科思维下思想和方法的整合，利用跨学科思维达到解决问题的目的。跨学科课程整合很好地解决了各学科课程之间的割裂和对立问题，逐渐弱化了学科边界，而且通过不同学科知识的互动能更好地促进师生合作，充分发挥不同学科综合育人的功效。

表5-3　跨学科视角下的用字母表示数

课程内容	可以改编历史题目为数学素材或按照知识点历史发展的顺序设置教学过程，让学生在课堂学习中仿照历史的发展过程，让学生体验和再发现	钉子板上的多边形（格点与面积）。通过解决格点与面积的问题，感受用字母表示数的价值
涉及学科	数学与历史	数学、综合实践、科学

（二）跨学科视角下用字母表示数的目标定位

教材根据自身的体系已经为我们划分好每一课时的知识和自然单元的知识。大单元知识也称单元整体知识，它不是传统书本意义上的自然单元，而是具有统整意义的一类知识。这里的大单元知识可能是跨领域的知识，可能是跨学科的知识，也可能是跨学段的知识，它是根据知识的逻辑关系和内在结构确定的学习知识。

从学生认知结构发展过程来看，用字母表示数的思维发展结构可以从四个方面分析：①直观思维。唤醒已有知识经验用具体的数表示数量。②程序思维。按照顺序经历用字母、含有字母的式子表示特定情境下的未知数。③抽象思维。通过同化抽象出用字母、含有字母的式子表示未知数以及字母和数字、字母和字母相乘的简便写法。④形式思维。

在拓展中触发新的结构知识生长，实现后续活动的自然延伸，初步感知用字母表示数的价值在于方程思想方法。

第三节　基于认知关联的学习与思考

一、学生对用字母表示数认识的研究

（一）用字母表示数结构化学习材料作品的分析

用字母表示数是一节方程及代数知识的起点课，是核心知识，也是比较抽象的知识。要在具体的情境中理解用字母表示数的意义，能够根据具体的情境用含有字母的式子表示数和数量关系。怎样能实现这个目标呢？只有经历真实的情境解决真实的问题才能深有感触。本节课创设了三个红包里的钱怎样表示的情境。

任务一：你能想一个办法表示出所有可能的钱吗？（写在学习单上）

生1：52元，因为我们是五（2）班。

生2：……元，因为不知道是多少元。

生3：0.01～200元，最少1分，最多200元。

生4：x元，无数种可能，用英文字母x表示。

任务二：老师又收到一个红包，能猜出是多少吗？

师：那你们写下来吧！（学习单上）

生1：x元。

生2：y元。

师：为什么用y？

生：x是首选，而且不一定和第1个红包一样。

师：老师还收到一条短信，“比前一个红包多5元”。（出示红包）

生：$x+5$。

师：哪个更好些？

生：$x+5$更好，能清楚地表示出两个红包之间的关系。（板书：关系）

任务三：第3个红包来了！第3个红包的钱是第1个红包的2倍（课件出示）。想一个办法表示出第3个红包的钱数。（学习单）

生1：$x\times 2$。

生2：可以简写成$x2$元。

生3：不对，应该简写成$2x$元。

三个任务、三个情境、三个问题都是同一类型，都是用字母表示不确定的数，因为用具体数无法表示，只能用字母表示。而且三个问题逐层进阶、由简单到复杂，让学生体会用字母既可以表示一个数量还可以表示数量关系。

（二）学生经历用字母表示数一般过程分析

学生在以上学习材料的支持与帮助下进行学习的过程也是学生数学思维层级发展的过程。学生经历知识的连续、关联与循环的过程，并不断加深对用字母表示数的理解。与此同时，学生的直观思维、程序思维、抽象思维、形式思维也将得到发展（如图5–6所示）。

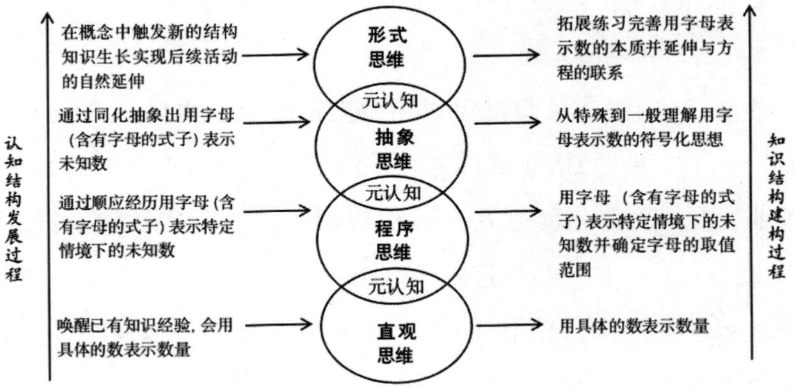

图5–6 "用字母表示数"思维发展结构机理

1.具体数量激活直观思维

课堂伊始，教师通过创设猜微信红包里的钱数情境，调动学生已有知识经验，用具体的数表示红包里的钱。真实情境、真实问题既调动学生学习的积极性，又将直观思维得到发展。

2.多元表征引发程序思维

在课始猜红包的情境下，由于红包里的钱是未知的，这样一直猜下去也不是个办法，那么你能想办法表示出所有可能的钱吗？这样用具体的数已无法解决，怎样用一个数或办法表示所有可能的钱数，不同的表征，各有各的方法及理由，但唯独用字母表示的方法更恰当、合理，具有概括性。接着延续情境：①第2个红包比第1个多5元。②第3个红包是第1个红包的2倍。该怎样表示呢？这样通过变化的稍复杂的问题情境让学生逐步理解用字母表示数以及含有字母的式子表示数和数量关系的概念。

3.类比归纳开拓抽象思维

当出现字母与数字相乘、字母与字母相乘的情形，自然帮助学生认识其简便写法，培养抽象思维。同时在三种红包的基础上进行发散思维训练，进一步感受字母的取值范围以及未知数的变化，渗透代入法求值知识。最后根据$2x$还能表示什么？能想到哪些数学故事？通过编写故事帮助学生深刻理解当一个量是未知的，另一个量是它的2倍，第二个量就可以用$2x$表示，从而学生的程序性思维发展到抽象性思维。

4.拓展应用展现形式思维

只要两个量有2倍关系都可以用$2x$表示。老师也讲一个故事，在古埃及时期，一个量的2倍通常这样表示，如一个物体重量×2倍，每个物品的价钱×2，每班人数×2……公元4世纪古希腊学者丢番图开始用字母表示$z\times2$、$j\times2$、$r\times2$、(　　)×2……16世纪韦达用$x\times2$表示。通过回顾历史渗透数学文化，感受用字母表示数的抽象概括性以及符号化思想，从而学生思维进一步走向形式化阶段。接下来循环阶段的练习评价也促进学生用字母表示数的运用能力不断提升。主要通过拓展练习“鸡兔同笼”，当学生列出鸡和兔共有的脚是$4(8-x)+2x$时，追问“若已知鸡和兔一共有26只脚，你能求出鸡和兔的只数吗？”在拓展中触发新的知识结构生长，实现后续学习活动的延伸——方程。

二、学生对用字母表示数思考的研究

（一）学生用字母表示数的不同表征

表征是客观事物在头脑中的呈现方式，也是被加工的客体。同一事物其表征的方式不同，对它的加工方式也不同。不管是表示单个数量还是稍复杂的数量，学生都根据自己的情况采用不同的表征方式表达，反映学生不同的知识基础、学习背景以及不同程度的思考，体现结构化的特征。这里以学生对单个红包的表示方法为例：

师：你们能想一个办法表示出所有可能的钱吗？（写在学习单上）

作品1：52元，因为我们是五（2）班。

作品2：……元，因为不知道是多少元。

作品3：0.01～200元，最少1分，最多200元。

作品4：x元，无数种可能，用英文字母x表示。

作品1学生依据本班人数猜想老师的红包钱数是52元，体现儿童的情感与知识经验，只会用具体的数表示数量。作品2省略号表示体现一部分学生对未知数的理解。作品3学生想到红包的范围在0.01～200元之间，体现学生的知识背景和生活经验，比第一个作品更广泛些。作品4能够清楚地认识用字母表示未知数，体现这部分学生思维的高阶性。

（二）学生对在不同领域中用字母表示数的理解

当现实情境中红包里的钱数可以用字母表示时，可见实际生活中未知的数也可以用字母表示。当用a表示正方形的边长，正方形的周长$C=4a$、正方形的面积$S=a^2$等类似于图形的相关知识都可以用字母表示，可见用字母表示数也同样适用于几何图形。当摆1个三角形用3根小棒，摆2个三角形用6根小棒，那么摆a个三角形用$3a$根小棒时，类似于找规律的问题同样也可以用字母表示，而且更简洁更具概括性，可见用字母表示数对于找规律的问题同样适用。至此学生对于用字母表示数有了一个全面理性的认识。

第六章　教学实施：案例片段反思

小学数学结构化学习的教学实施，是将学理分析、学情调研、学材开发、学程设计以及学评调节有机融入课堂教学实践中去，“五学”中各个环节相互关联，融通融合。学生在结构化学习过程中经历知识内化、凝聚和对象化的建构过程，逐步实现学习建构能力与实践应用能力的全面发展。

第一节　主题式片段解读
——以第四章第三节“用字母表示数的备课轴案例（二）”为例

一、主题一：课程内容结构化

问题1：在学习用字母表示数之前，学生在低年级用图形等符号代替数；中年级用字母表示运算律。如何更好地连续学生的认知起点？

见片段（一）已有数学经验引发直观思维。

解答：奥苏伯尔说：“如果我不得不把教育心理学归结为一句话，我将会说影响学习的最重要因素是学生已经知道了什么，探明这一点，并据此进行教学。”因此，我们在教学时应从整体的角度来审视教学内容，找准与要学习内容相关的知识方法，使之成为学习知识的固着点，为新知的形成奠定结构化的基础。

“抢红包”是学生在日常生活中十分熟悉且感兴趣的内容，它具有“未知”“有范围”等特征，这些特质都为学生“用字母表示数”提供了很好的生活经验基础，教师挖掘其与用字母表示数相关联的元素，创设真实的问题情境，有效地激发学生的认知经验及兴趣。这样有助于唤醒学生“用字母表示数”知识的前结构，找到新知学习的固着点，为新知的学习与建构做准备。

问题2：用字母表示数注重发展学生的符号意识，如何让学生产生用字母表示数的需求，更好地激发其应用符号表达的意识？

见片段（一）已有数学经验引发直观思维。

解答：《义务教育数学课程标准（2022年版）》提及，真实情境创设可从社会生活、科学和学生已有数学经验等方面入手，围绕教学任务，选择贴近学生生活经验、符合学生年龄特点和认知加工特点的素材。这里教师基于学生生活经验，创设学生熟悉的抢红包情境。学生对于一个未知的红包金额，在不断地猜想失败之后，教师布置任务：“想一个办法，把所有可能的数都包括进来。”在“猜”的过程中既调动了学生的参与热情，又引发学生对用字母表示数的迫切需要；在“辩”的过程中让学生体会到用字母表示数的确定性，在用字母表示数的新意义和旧经验之间进行了“桥接”，感受到用字母表示数存在的现实意义与价值，由对符号的陌生感、排斥感逐步转变成为认同感、亲切感，从而促进学生符号化意识的发展。

问题3：怎样突破教学难点，让学生更加顺畅地从用字母表示未知数过渡到用代数式表示数量关系？

见片段（二）认知发展中理解数量关系引发程序思维。

解答：《义务教育数学课程标准（2022年版）》指出：“数学知识教学，要注重知识生长点和延伸点，把每堂课知识置于整体知识体系中，注重结构和体系。”用含有字母的式子来表示数，对学生来讲是一个挑战。这里教师出示第二个红包让学生想一个办法表示，把第二个红包可能的数都包括进来。随后组织学生进行讨论：“y元”和“$x+5$元”哪个更好？为什么“$x+5$元”的表示更好？这个环节的目标是让学生感受到不仅可以用字母表示数，还可以用字母式来表示数和数量关系。结构化教学需要我们注重知识生长点和延续点，在教学中留足学生思考、操作、感悟和辨析的时间，让学生在寻找新旧知识联系与变化的时候，形成新的结构，同时感受到所学知识的不断优化和深入，发展思维。

问题4：如何借助红包学材，让学生自主地学会用字母表示数，并逐步感受变量思想？

见片段（三）提问辨析中发展抽象思维。

解答：由具体的数发展到用字母表示数，再由用字母表示数发展到方程，都需要不断渗透变量思想的教学，在“变”与“不变”的辩证思想教学中强化学生的变量意识。本节课教师通过创设3个红包的教学情境，让学生学习“用字母表示未知数”“用含有字母的式子表示数量关系”“字母式的简写”等知识点。至此，学生对于“用字母表示数”的理解有了进一步提升，“此时，x表示哪些数？”“哪个红包最小？哪个红包最大？”“每个红包到底是多少钱？”都是好问题，值得学生去思考甚至辩论。学生知道发红包的规则，所以从中了解到x的取值范围。这样的教学有利于学生借助生活经验来初步感知用字母表示数的过程与方法，也让他们了解字母在具体情境中是有取值范围的，让学生逐步感受变量思想。

问题5：如何借助数学文化学材，更好地帮助学生超越算术思维走向代数思维？

见片段（四）符号化过程中提升形式思维。

解答：《教师教学用书》把用字母表示数表述为“是人类认识由具体到抽象的一次飞跃”，而对于“为什么说是人类认识的飞跃”“突破了什么”“是什么形成了突破”“又以什么为突破的标志”等问题都没有做进一步的阐释。只有把这些问题都搞清楚，才算是在经历知识形成的过程中触摸到数学的本质。比如，教学中要有意识地引导学生区别缩略代数表示与符号代数表示的不同。丢番图和韦达都是用字母表示数，而且丢番图明明要比韦达早1200多年用字母表示数，但为什么偏偏韦达被称为“代数学之父”？在体会和辨析两者间有什么根本性不同的过程中，体会字母如同符号一样，没有任何具体的意义，体会用字母表示的不再是一个特定的数，不再是表示一个特定的未知量，而是表示一类任意的已知量或未知量。把这些思考弄清楚了，就能更好地帮助学生顺利从算术思维走向代数思维。

二、主题二：认知过程一般性

问题1：当学生遇到想一个办法把所有可能的数都包括进来，对已有的经验产生认知冲突时，如何帮助学生自然地想到用字母来表示？

见片段（一）已有数学经验引发直观思维。

解答：当教师创设猜红包的情境，学生对于一个未知的红包金额，在不断地猜想失败之后，教师布置任务：“想一个办法，把所有可能的数都包括进来。”在此过程中，有学生用准确的数来表示，有学生用省略号表示，有学生用字母来表示。此过程不是依靠教师单方面进行知识灌输的过程，而是教师创设有利的学习情境，并引导学生通过自身的活动体验来建构知识的过程。学生在活动中产生了对数学符号的需求，引发学生积极思考，自然而然地想到尝试用字母来表示。在这里，教师围绕学生的认知和知识结构的逻辑设计探究活动，鼓励组内交流，互助探究，在尊重学生差异的同时，促进了知识的自主建构。学生在充分经历“经验—冲突—重构”过程的同时，也实现了思维的进阶与合作交流能力的提升。

问题2：基于学生认知过程的一般性规律，如何更好地沟通“用字母表示数”与“用字母表示数量关系”之间的联系，帮助学生更好地理解用字母表示数的本质？

见片段（二）认知发展中理解数量关系引发程序思维。

解答：为什么“$x+5$元”的表示更好？很多教师认为它具有两个功能：不仅表示出了第三个红包的数量，又表示出了与第二个红包之间的关系，所以是最好的。细细分析一下，并不是这个原因，而是“$x+5$”是建立在第一个红包（x元）的基础上来表示数，它不再使用新的字母。许多学生在感受到用字母表示数的优势后乐于不假思索地将所有的数都用字母来表示，所以常常会出现将第一个红包写作x元，而比第一个红包多5元的第二个红包写作y元的情况。究其原因，是学生的认识还停留在原有知识结构中，字母的作用仅能简洁、概括地表示一个数。为了让学生突破原有认知，理解含有字母的式子还能表示数量关系，教师需要设置相关情境"逼迫"学生关注前后两个数量是如何变化的，沟通用字母表示数与用字母表示数量关系之间的联系，帮助学生更好地理解用字母表示数的本质。

问题3：学生学习完字母式的简写后，常常将$c \times c$简写成$2c$，怎样突破正确解答与已有认知结构产生的冲突？

见片段（三）提问辨析中发展抽象思维。

解答：教学中在学生自主建构完字母式的简写之后，学生经常将$c \times c$简写成$2c$，这时"$2c$"和"c^2"的意义便与学生已有的认知结构产生了冲突。为成功实现学生对"$2c$"和"c^2"意义的正确理解，化解冲突，这里教师选择让学生合作交流、自由辨析。看到"$2c$"和"c^2"你们有什么想说的？你们觉得是$2c$大，还是c^2大？除此之外，教师还结合直观图形帮助学生深化理解，借助正方形图和线段图学材（如图4-6所示），调动多种感官，引导学生理解"$2c$"和"c^2"的意义。

问题4：如何激发学生问题再生，使得学生的学习活动自然地延伸，强化学生的认知？

见片段（四）符号化过程中提升形式思维。

解答：在学习完用字母表示3个红包之后，教师鼓励学生大胆提问：根据这3个红包的信息，你能提出什么数学问题？并针对学生提出的新问题进行资源整合，提示学生将问题串联起来继续研究。教师也可抛出开放性的问题，一方面激发学生问题再生，如"$2x$除了表示红包钱数之间的关系，还能表示什么？"等，自然延伸至后续将要学习的内容，激发起学生继续学习的欲望，有序地创造认知结构。另一方面进行了文化的普及，如：同样都是用字母表示数，我发现丢番图还早了1200多年，为什么偏说韦达是“代数学之父”呢？介绍了用字母表示数的发展史。课堂当中通过丰富、生动、形象的数学活动，使得抽象的数学意义生动形象地呈现在学生的眼前，再进一步结合数学文化历史，更加有利于学生领悟传统数学文化思想，强化认知。数学课程应反映数学的本质和发展前沿，让学生熟悉数学知识产生和发展的过程，在掌握数学基础知识和基本技能的同时，培养学生进一步学习和终身发展所需的核心素养，形成正确的情感、态度和价值观。

三、主题三：学习目标发展性

问题1：如何联系学生已有的认知体系，为理解用字母表示数的意义做必要的铺垫？

见片段（一）已有数学经验引发直观思维。

解答：学生的数学认知有着自身的规律和限制，在新课开始部分将知识一次性地呈现出来，会让学生生出无力感和畏惧感，而将之“理顺了”“掰开了”“揉碎了”，则学生不仅易于“入口”，更便于将“营养”充分“消化吸收”。从这个角度来看，本节课的教法遵循学生的已有认知和知识的特点逐步展开教学，在“按部就班”中让学习更具条理性，为学生理解用字母表示数的意义做了铺垫。

作为新课的引入部分，本环节的教学自然蕴含着深意，寻找生活中的字母缩写既使学生对新知识的学习产生了“亲近感”，又与新知“用字母表示数”作了不言自明的对比，认知冲突油然而生。紧随其后的是“为什么用？”“什么时候用？”“怎样用字母表示数？”等问题被顺理成章地提了出来，而这些问题显然既给本课的学习提出了明确的目标，又给学生的思维指明了方向。除此之外，学生“自己的问题”还很好地激发了学生的认知需求，使学生产生了急切求知的认知倾向。

问题2：如何围绕用字母表示数的本质理解展开活动，有效完成对用字母表示数的理解与意义的建构？

见片段（二）认知发展中理解数量关系引发程序思维。

解答：用字母表示未知量，苏教版教材没这个环节，之所以安排，是因为历史发生原理指出，学生应经历“记数→未知→一类”这三个步骤。更为重要的是，从记数到未知的过渡，其关键是表示的对象发生变化，即从“确定”到“不确定”，随之表示的意义也发生变化。确定情况用数来表示，学生已积累较为丰富的经验，但对“不确定情况怎么表示？为什么用字母表示比较好？”等问题知之甚少。实践中根据学生已有认知，用对比的方式，让学生思辨其内在原理，让学生感悟用字母表示数的优越性。

用字母表示数意义从“未知量”阶段过渡到“一类量”阶段，其主要的问题是表示“对象”的意义发生“质变”，即从特定量（特殊）到变量（一般）。数只能表示一个特定的情况，字母不仅能表示特定一种情况，还能表示一个集合中任意一个值的量。这是两者的本质区别，也是用字母表示数的优势所在，即能一般化的表示一类量。它是从算术思维过渡到代数思维“质”的飞跃的重要标志。在教学中，让学生经历两次“具体数”与“字母”的对比思辨，从而理解字母是表示一个集合中的任意一个数。实践中，学生对用字母表示未知量“x”意义的理解处在不同的水平层次。经过对比、思辨、交流等数学活动，促使学生对用字母表示数的意义理解从低水平层次向高水平层次转变，较为深刻地理解用字母表示变量的意义，也进一步体会到用字母表示数的优越性。也为用字母式表示具体情境中的数量关系（变量），及辩论“y”与“$x+5$”的不同做了铺垫。

问题3：如何突破学生在课堂中出现的认知障碍，化解冲突，实现对用字母表示数的深度理解？

见片段（二）认知发展中理解数量关系引发程序思维。

解答：能理解字母式既能表示关系（过程），又能表示对象（结果）是理解字母表示一类量意义的重要标志。在代数中，如字母式$x+5$，既表示x与5相加这一个操作过程，又表示为对象、结构，表示即“$x+5$”这个结果。然而正是这种既表示过程又表示对象的“二重性”特征，给学生造成了主要的理解障碍。它之所以难，不仅仅是因为它本身具有的抽象性，还在于对它的建构，要抵制已有知识经验的强烈负迁移。因为“式”（如4＋5）算术中，具有操作性，表示过程，目的是求结果，学生潜意识中要把4＋5计算为9；而在代数运算中是结构性的，是形式变换，关注结构，注重关系，此时的“式”除了体现过程外，更多是关系结构的形式化。为突破这一教学难点，先重构“＝”意义，铺垫理解基础。然而要改造学生已有的经验，要结合“＝”意义重构一起进行，因为“＝”在算术中，代表运算得到结果，是具有方向性、程序性的。而在代数中，“＝”代表一种等价关系，因此“＝”左右两边需有同样的大小，没有方向性，具有结构性。先认识到y与4＋5是等价的，都能表示红包的数量，且$y+5$还能看出与第一个红包数量的关系，有了这样的理解基础，迁移到$x+5$表示第二个红包的数量就简单多了。先突破难点，再类比推理，在思辨说理中加深理解。从$x+5$中能得到什么信息？解决问题的过程中，学生需要拿“$x+5$”与“x”进行比较。比较时，先是把$x+5$看成一个数，与x比较后得出大5元，则把$x+5$理解成了一种关系。在思辨、说理中完善了对字母式既表示关系又表示数的理解与建构。

问题4：如何设计循环练习，深化学生对用字母表示数的理解，实现思维的迁移及创新人格的发展？

见片段（四）符号化过程中提升形式思维。

解答：在练习的环节，教师通过红包、编$2x$的故事、青蛙儿歌等群组题的出示，以“一模多样、多模多样”等，让学生在相同与不同情境下进行观察、比较、辨析等活动，所有的题组都抓住了用字母表示数的核心，让学生体会到用字母表示数是可见可感的，深化用字母表示数的认知结构。从浅层碎片化的练习到深度结构化的练习，学生自觉地将各要素联系起来以解决不同层次的问题，自然而然地对用字母表示数相关知识经验进行提炼、精细、联系、丰富和拓展，从不同的角度感受用字母表示数丰富的内涵，体会用字母表示数在不同情境中的含义以及不同情境中用字母表示数含义的一致性，最终回归到用字母表示数的本质。学生在简单情境中运用知识解释生活实际问题，多元化的表征情境使学生以不同的思维方式进行问题思考，实现思维的迁移，同时练习实践立足于生活，能够激发学生的创造性，促进学生创新人格的发展。

四、主题四：教学研评一体化

问题1：怎样找准学生用字母表示数的认知起点，选择恰当的学习内容以兼顾不同层次学生，实现全体学生共同参与研究？

见片段（一）已有数学经验引发直观思维。

解答：学生在学习用字母表示数之前已经学习过常见数量关系、运算律、长方形和正方形周长与面积计算公式等知识，掌握了用符号或图形代替数，同时在生活中还接触过大量与字母有关的现象，比如以kg和cm做单位表示千克和厘米，以广告牌出现的字母多是具有特定文字含义的缩写等，所有类似的认知构成了学生学习用字母表示数有关知识的特定经验世界。在课堂开始，教师带领学生回顾了生活中和教材里涉及的用字母表示数，并设计“微信红包猜数”的真实情境，制造了认知上的冲突，激发学生发散思维，产生用字母表示未知数的需要。基于学生已有的生活经验和知识，教师找到了与之密切联系的学习内容，借助可视化的学材，课程设计兼顾到了不同层次的学生，有效激发了学生学习的兴趣。在小组合作讨论的过程中，全体学生共同参与，互助探究，集体产生用字母表示数的认知需求，实现了尊重学生差异、注重素养发展的目标。

问题2：如何围绕学生的认知结构和知识结构组织活动，调动学生多种感官协调运作，帮助学生提高对知识的掌握、转换和迁移？

见片段（一）、（二）。

解答：在学生猜测第一个红包的数量后，这时教师便引导质疑：

除了猜，还有更好的方法吗？能不能想个办法把所有可能的数都包括进来？这一问题引发了学生的认知冲突，调动了学生多感官协同运作，引发学生积极的数学思考，学生自然结合已有知识经验和生活经验，想到用字母x来表示。紧接着教师出示第二个红包并提出一系列问题串：你们还准备猜吗？为什么用字母y表示？还有不同的表示方法吗？情境及关系的变换给予孩子充分的时间和空间自主探索，每一个学生都真实经历知识发生发展的过程，着力理解用字母表示数的本质，实现对知识的掌握、转换和迁移，学生的学习效率整体提高。

问题3：怎样设计练习，使得学生在练习过程中内化知识，巩固结构，并且激发新的认识、见解和创意的形成？

见片段（四）符号化过程中提升形式思维。

解答：练习是对本节课学习成效的评价。教师在课堂中设计了层次分明、结构联结的习题，优化教学过程，提高教学效率，促进高阶思维的发展。其中“编$2x$的故事”习题的设计显得别有价值，在这样的练习中，学生通过举例交流发现“$2x$”所表示的意义与字母x所表示的意义是密切联系的，这里学生再次深刻体验了函数思想。同样在思维拓展活动中，学生经历了由具体到抽象的思维历程，先由第三个红包是第一个红包的2倍解释“$2x$”的意义，再抽象到纯粹解释“$2x$”的意义，这样一个过程其实是数学建模的过程。学生在这样的过程中，经历了对现实情境中所蕴含的数学知识、数学思想的分析和抽象，从而有利于学生对数学本质的把握与建构。“编$2x$的故事”的设计更是让学生脱离了红包情境的束缚，直接来看字母式，帮助学生再次构造知识的模型，内化知识，巩固结构。另外，像x+5这样的字母式还有怎样的故事呢？这又打开学生思维，激发新的认识、见解，发展学生的创新意识。

问题4：如何鼓励学生质疑创造，实现对后续活动的自然延伸以及课程的育人价值？

见片段（四）符号化过程中提升形式思维。

解答：学生对新知识的建构，不是一次性的，而是积累性的；不是简单的认识叠加，而是不断地递进深化。通过对知识的回忆、归纳、概括、系统化，促使学生自我改造认知结构，构建完善新的认知结构，达到对数学深层理解的目标。一个知识学习的结束，也是新知识的开始，如此循环往复。结构化学习重视学生对知识学习的自然延伸，在自然而然的知识应用中，激发学生的问题再生，有序创造知识结构。在课尾，教师鼓励学生大胆质疑："学习完用字母表示数之后，你有哪些收获？还有哪些疑问？"激发学生思考："用字母表示数是谁发明的？代数是什么意思？"教师对这些问题进行快速地整理排序，鼓励学生进行后续研究，学生在不断地反思和追问中触发新结构知识的生长，产生想要继续深入学习的欲望，有效实现后续活动的自然延伸。同时，教师播放用字母表示数的发展史，让学生在实现对新知延伸的同时也实现了数学文化的普及。

第二节　用字母表示数不同维度的教学理解

一、用字母表示数的教学理解（一）

"用字母表示数"是苏教版五年级上册的内容，这是学生第一次接触代数方面的知识，自然是学生认知发展过程中的一次重要跨越，标志着学生的思维由算术思维开始向代数思维过渡，其重要性毋庸置疑。本单元是在学生理解了整数、小数以及四则运算的意义，掌握了加法和乘法的运算律、常见数量关系等知识的基础上教学的。通过用字母表示数，用含有字母的式子表示数量、数量关系、运算律及计算公式，使学生能更加概括地理解、表达这些知识，发展数学思维，并为以后教学方程作准备。本节课是这一单元的第一课时，教材主要通过创设的问题情境，引导学生经历由具体的算式抽象出代数式的过程，学会用含有字母的式子表示数量关系的方法。由于此前学生长期用数字表示数，用文字表达式表示数量关系，他们一开始并不习惯也不认可用字母表示数、用含有字母的式子表示数量关系。所以，帮助学生理解用含有字母的式子表示数量和数量关系的含义，把握用字母表示数的本质，是本节课教学的重点和难点。基于这样的理解，我们对“用字母表示数”教学进行了如下尝试：

（一）初次解读

“用字母表示数”是一节概念教学课，如果概念的建构处理不当，就很容易把一节课上得零零碎碎，课堂上问题小而多，留给学生的思维空间可想而知。因此在教学中，借助两个大活动和评价练习来进行课堂学习的整体架构，以尽可能大的数学问题，给学生腾出更多的思维空间，激发学生的思维活力。如何在课堂中看到不同学生的思维，是需要突破的重点。课前为学生们设计了一张学历案（如图6–1所示），以便上课时记录学生的思维水平进阶。

姓名：

问题	任务	评价
为什么用字母表示数?	1　你能用你喜欢的方法表示出所有的三角形个数和小棒根数吗?  填一填 摆（　）个三角形，用（　）根小棒。 我是这样理解的：	$a\times3$这个式子，除了可以表示小棒根数，还有哪些情境能用$a\times3$表示? 我是这样理解的：
怎样用字母表示数?	2　甲、乙两地之间的公路长280千米，一辆汽车从甲地开往乙地，你能用式子表示行驶一段路程后剩下的千米数吗? （1）已经行驶了50千米，剩下的千米数是280−50 （2）已经行驶了74.5千米，剩下的千米数是280−（　） （3）已经行驶了b千米，剩下的千米数是（　）−（　）	2　你会填一填吗? （1）一个储蓄罐有a元，另一个储蓄罐有5元，两个储蓄罐一共有（　）元 （2）一个储蓄罐有a元，小明拿走了8元，还剩（　）元 （3）一个储蓄罐有a元，平均分给4人，每人分得（　）元 （4）一个储蓄罐有a元，3个这样的储蓄罐共有（　）元

图6–1　“用字母表示数”学历案

首先是经验的唤醒与激活：关于用字母表示数，你已经知道了什么？对于五年级的学生对用字母表示数并不完全陌生，学生在这之前曾经用字母表示运算定律；在学习长方形和正方形的周长和面积时，大部分教师都引进了用字母表示周长和面积的计算公式；甚至在一年级开始的教材和平常的练习中，就用到了方框或括号等表示未知数。所以，学生对用字母或其他符号表示数有一定的初步感知。通过交流与分享，学生已有的经验储备一一呈现，这样既可以了解学生的学习起点，又可以使学生感受到今天学习的用字母表示数并不完全是新的，以前已经学到过用字母表示数的知识了。其次是用字母表示数意义的表征与建构，抛出这样一个问题：你能用你喜欢的方法表示出所有的三角形个数和小棒根数吗？

由于学生对用字母表示数的已有认知已经有了一定的积累，如何引导学生从用字母表示数的已有认知结构上升为新的数学结构，借助一定的数学方式呈现自己的思考，是本节课的教学重点。在教学中，这样的设计比较开放，且具有挑战性。当然，不同思维层次的学生呈现了不同的数学理解，但每一个学生都能借助独立思考，调动原有的认知经验，可以将自己的理解呈现给大家。在质疑和交流过程中，教师适时点拨，引导学生领悟，当一个数是“未知的（不确定的）”或“变化的”时，可以用符号来表示，数学上通常用字母来表示这个数，这是“为什么要用字母表示数”的原因之一。与此同时，教师指出：虽然也可以用“△”这样的符号表示，但是随着今后学习的深入，会发现用字母表示数更便于表达，同时还会感受到用字母表示数能使数量之间的关系变得更加简明，更具有普遍意义；能使思维过程简约化，易于形成概念系统，这是“用字母表示数”更为重要的原因。

当然，教学中必要的评价还是要有的，在学生完成任务1后设计了这样的问题：$a\times3$这个式子，除了可以表示小棒根数，还有哪些情境能用$a\times3$表示？以问题提出的方式再次学习$a\times3$，深化学生对含有字母的式子的理解。充分给予学生学习机会，对学生的发散思维、创新能力的培养有一定的作用。让学生经历从具体到抽象，从抽象到具体，给学生举一反三的学习机会，拓展延伸学生对数学符号的理解，培养学生符号意识素养。第二个环节的设计则是回到实际生活：你能用式子表示行驶一段路程后剩下的千米数吗？考查学生是否真正从用符号表示单个数量，走向用“字母式”表示相关数量与数量关系。随后的练习，则是面对具体情境中的数量关系，学生能否正确运用符号进行表达，帮助学生具体运用符号表示数量和数量关系，从而形成结构化的认知体系。

从实际课堂教学效果来看，这样的设计能够帮助学生建构对用字母表示数意义的理解，但学生对用字母表示数的理解还不够深刻。在课后作业中部分学生仍不习惯甚至不敢用含有字母的式子表示运算结果。这虽然是学生的思维习惯使然，但我们也清醒地认识到新课的教学存在一些问题。在第二个环节的教学上，学生一步步写出剩下的千米数，教师“扶”的痕迹比较明显，可以适度考虑放手。练习设计之间缺乏层次性，通过两道例题的教学，学生在经历两次从具体到抽象的学习过程后，再在练习中设计储蓄罐情境填写字母式，显得比较多余，挑战性不足。

（二）再次解读（如图6–2所示）

姓名：

问题	任务	评价
为什么用字母表示数？	1　你能用你喜欢的方法表示出所有的三角形个数和小棒根数吗？  填一填 摆（　）个三角形，用（　）根小棒。 我是这样理解的：	你还能继续用字母表示吗？ 摆（　）个正方形，用（　）根小棒。
怎样用字母表示数？	2　你能用含有字母的式子表示还剩多少毫升吗？ 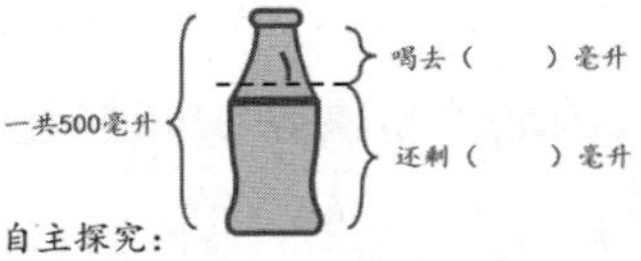 自主探究： 填一填　用含有字母的式子表示还剩多少毫升。 算一算　当$x=40$时，还剩多少毫升？$x=39.5$呢？ 想一想　这里的x可以表示哪些数？	2　你会填一填吗？ 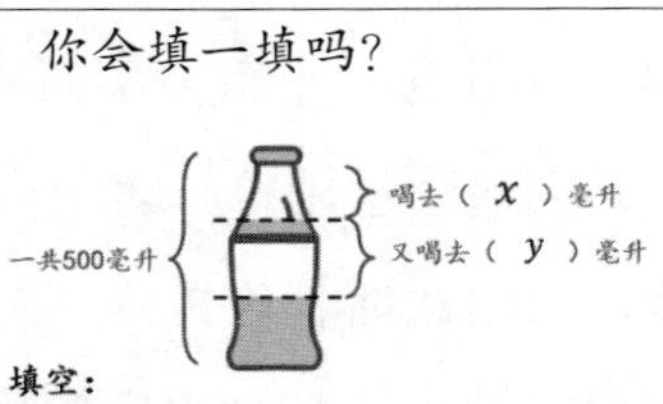 填空： 1. 两次一共喝了________毫升； 2. 还剩下________毫升； 3. 第二次比第一次多喝去________毫升。

图6–2　“用字母表示数”学历案（修改版）

教材例1主要解决“为什么要用字母表示数”的问题。教学中让学生经历由用数表示具体的数量到用字母表示一类数量的抽象过程，体会用字母表示数的数学本质——对一类问题共性结构的刻画，是在变化中找到不变的关系，并用含有字母的式子表达出来，从而体现出用字母表示数的简洁性和概括性。课堂上，从1个、2个、3个三角形开始想起，让学生把想到的算式写下来，学生在写的过程中自然会感受到这些算式的共性结构，即“小棒的根数”可以用“三角形的个数 × 3”来表示。由此揭示相应的代数表达式，应该是水到渠成，学生也能够体会这里的“$a\times3$”表示的是一个数，即小棒的根数，“$b=a\times3$”表示的是一个数量关系，即小棒的根数与三角形的个数之间的关系。可见，例1的教学是成功的。在练习的环节改变例1情境，摆正方形。不再操作，老师ppt出示：“摆（　）个正方形用了（　）根小棒。”接着对话：“为什么想到用字母表示？”“为什么刚才是乘3，而这里是乘4？”学生对用字母表示数的价值及其规则有了进一步认识：在数量关系的支持下，可以舍去真实动作而在头脑中操作，由此适应了字母的抽象性；并强化了用字母代表数后，依托数量关系更能洞察规律。通过延展和改变例1的情境，透过学生的数学表达，学生超越了“数”的动作表征，用数量关系的“想”统一了数与代数，从而实现了卡帕特的观点：“代数是算术推理的一般化。”

第二个环节通过创设喝饮料的真实场景，不仅激发了学生的学习兴趣，更引发了他们一系列的深层思考。由于无法直接测量喝去饮料的多少，倒逼学生用符号表示未知量。喝掉的饮料，从未知的x到已知的40，这是“用概括表达具体”的应用；x的取值范围从中间的任意数据到两边的极端数据，在师生问答中，揭秘特殊与一般、具体与抽象的关系，让学生领悟“x”不仅是代表某个值的未知量，而且是可变的、可代表一定范围内任意值的“变量”；随后练习中两次喝掉的饮料，从第一次未知的x到第二次未知的y，是从一元到二元的跨越。这样的教学设计，结构性强，思维含量高，层次鲜明，体现了知识的逻辑结构与思维的策略结构，凸显了教学结构的有序性、清晰性，兼顾了学生的迁移能力和运用能力，为学生未来解决类似的数学问题提供了经验基础和方法结构。

第二次的教学设计相较于第一次更加开放，探究的味道是有了，但要让学生真正感悟用字母表示数的本质，还有很多问题值得思考和实践。比如：如何加强中小衔接，从整体上体现用字母表示数的教学价值？再比如：对于让学生体会到“$500-x-y$”是一个结果，我们还可以怎么做？

二、用字母表示数的教学理解（二）

教学是实施教育的基本途径，将教学落实在学习上，实现教学向教育的转变，需要思考教与学活动中的情感因素。基于学生主体建构富有个体知识的认知过程，与情感态度融合起来，充分发挥师生主体间的动态作用，从而认识到其作为教育目标的价值与意义，需要我们“逆向”思考教师教学思维方式的改善与学生学习方式的改进。小学数学结构化学习，基于课程内容结构化，着力认知过程与情感态度发展相融合，来培养学生数学学习的好奇心和求知欲，以及良好习惯、自信心与意志品质等，这对于改变偏重知识传授的教育以及改善学习浅表的教学现象都有着积极的现实意义。

（一）搭建梯子：连续认知基础与问题驱动的兴趣激发

数学学科知识具有高度的整体性和关联性，作为教师，在进行教学设计时要重视对教学内容的整体理解与分析，了解数学知识的产生与来源、数学知识的结构与关联，理解知识核心要义，清晰学生认知冲突，基于教材甚至突破教材创造最符合学生认知需求的学习内容。把知识从教材中“请”到学生的身边、手上、心中以至大脑里，为学生搭建一个具有“脚手架”意义的学习“梯子”，以充分调动学生主动投入学习活动的兴趣和自信心，唤醒教师与学生一起进入学习的积极状态。

1. 整体感知中培育好奇心

要基于对教材知识的理解以及学生认知基础的了解，搭建合适的“脚手架”，让知识从书本上回归到学生的身边，回归到学生的生活经验当中。在教学“用字母表示数”一课中，刚开始教师就联系学生生活实际，恰当地运用了学生身边的教学素材，营造了一个生动活泼的课堂气氛。教学开始创设活动“考考大家的眼力”，出示：ICBC、KFC。“看看这些字母都表示什么？”学生分别说出它们的含义。从课程内容的整体性出发，连续旧知，让学生亲身经历将实际问题抽象成数学模型并进行应用与解释的过程。如：本节课教学通过回忆加法交换律，用字母表示加法交换律，用文字叙述与用字母表示相比较，让学生体验到用字母表示数的简洁、便捷，学生很自然地积极主动去尝试用字母去表示。这里，教师借助“微信红包猜数”，从猜“第一个红包”到表达“第二个红包”，由近及远，层层递进，学生在猜想和表达中感受“用字母表示数”的过程，再通过问题“能不能想一个办法，把所有可能的数都包括进来？”的驱动，触发学生积极思考。通过观察与思考，学生对数学学习的好奇心油然而生，在问题驱动下打开了想象的思维。学生经历“用字母表示数”的操作应用过程，给学生提供丰富的学习素材，引导学生用数学的眼光观察现实世界，调动了学生数学学习的积极情感，培养了他们对数学学习的兴趣和主动学习的好奇心。另一方面也促进帮助了学生认知水平的提升，让红包猜数成为学习用字母表示数的“脚手架”。教师基于课程内容整体性的情境设计能够使学生对教材从“可接受”到“乐接受”，有利于培养学生积极的课堂学习情绪，促进学生认知优化、深化和内化的发展。

2. 认知冲突中激发求知欲

认知冲突是引起学习产生的重要策略，教师基于学生的认知基础，让学生经历红包猜数的操作，教师提出问题：“能不能想一个办法把所有可能的数都包括进来？”学生产生认知冲突：“无数种可能怎么用一个方法全都包含进来？”学生已有的经验瞬间被唤醒，积极主动表达自己的想法“省略号可以代替所有的数”，自然连续了学生已有的经验。当学生已有的经验被成功唤醒，学习兴趣浓烈时，教师又展示另一幅作品：“用字母x来代替所有的数。”调动了学生的好奇心并促使独立思考，进而针对不同的作品及时进行恰当的反馈调节。基于认知的分类与分层，适切的问题引导与学生原有的认知产生冲突，激发了学生强烈的求知欲，在独立思考与自我反思中促使学生认知层级上升，思维品质伴随自我认知完善而不断深刻发展，学生的自我效能感也不断强化。其间教师站在尊重学生生命独特性和自由发展性的立场，用适当的问题引导为学生搭建“妙梯”，在认知冲突中激发学生的求知欲和探索精神。这样，在富有挑战性任务学习活动中有助于学生形成独立思考的个性和勇于探索未知的精神。

3. 贯通理解中发展自信心

要想发展学生自信心，就要找到知识的源头，连续学生已有的学习经验，并让学生真实经历问题解决的过程。在课堂的开端，学生已经经历了“用字母表示红包数”的过程，并且成功连续已有的经验，解决“用一个办法把所有可能的数都包括进来”的问题。学生的自信心显然已经得到发展，感受到自己是课堂活动的主动体验者、探究者和表达者，并不断连续已有经验促进自主探究。紧接着又回归到红包猜数：“第二个红包的数怎么表示？”引导学生积极思考、创生创造“$x+5$”并表示出第二个红包数，贯通理解用字母表示未知数和数量关系的一致性，为实现用字母表示数的深度理解打下坚实的基础。这个过程既增进了学生对知识的贯通理解，又发展了主动学习的自信心，学生也就愿意主动构建数学知识框架，主动思考数学问题，营造和谐愉悦的数学课堂氛围。

（二）找寻钥匙：关联独立思考与合作探究的能力培养

学生获得数学经验和情感体验往往来自个体经历的数学活动过程，

而这个过程也是通过交往的社会化学习而不断实现的。学生在交往活动中，通过与他人对话、互动，可以让模糊的认知清晰起来，促进元认知水平不断提升，从而对认知的对象形成更全面、更深刻的认识。要想学生能够更加专注地投入同伴交往活动中，就需要教师基于学生认知基础引导学生找到一把把打开思维之门的“钥匙”，即通过突出学习方式的变革激发每一个学生能够独立思考并积极参与到“共同”问题的探讨之中，展示不同学生不同的理解与表达，多元表征成了在解决真实复杂问题的过程中培养学生意志品质的教育成果，教学方式变化也将随着课堂的差异发言和个性表达回归到学生主体。教师的教给予学生的学在理解实践以及展示分享方面更大的时空，让学生在合作交往中自主研讨，交流探索，质疑反驳，平衡统一，在经过一次次的思维碰撞之后，不断寻得知识文化的本质认同，在具有小组合作探究的社会学习活动中培养良好的学习习惯和发展专注学习的意志品质。

1. 独立思考中的好习惯养成

数学课堂需要学生进行有意义的数学思考，学生数学学习效果与良好学习习惯的养成具有密切的联系，良好的学习习惯可以让学生在课堂上保持专注力，促使学生独立思考数学知识，并开阔学习视野。在“表示红包数”活动中，除了在小组合作学习的角色体验，经历人人独立思考与表达的过程之外，在合作“成功”之后，又继续推动学生对“作品”进行赏析与评价。每一份展示的作品也是一把打开思维之门的“钥匙”，反映出学生们不同的思维方式与思维水平。这时，针对学生不同的表达方式，教师引导“对他们的作品进行提问和补充”“哪些作品比较相似”，不断促进学生思维在“分类与分层”中品质的提升，并请学生上台当“小先生”进行讲解，台下的小伙伴进行独立思考与互动研讨，在学生自主学习的过程中自然养成了独立思考、敢于表达和勇于质疑的好习惯。

2. 合作探究中的社会性发展

每一份作品都是学生个人与集体智慧的结晶，需要经历对比优化的过程，才能实现数学表达的简洁性，感悟数学知识的真谛。这里，教师把课堂交给了学生，鼓励学生按作品层次排序自主上台当“小先生”，学生A：“我用字母y表示第二个红包数，第二个红包数和第一个红包数可能不一样，要用不同的字母表示。”学生B：“我是用$x+5$来表示第二个红包数的。”在差异处教师相机追问：“你能评价一下这幅作品吗？”学生的积极性立马被调动，主动反馈：“这样不仅能表示出第二个红包数，还能表示出数量关系。”同伴在差异处、本质点的评价意见，有力量的合作探究点燃了学生们的学习激情，并且在合作探究的过程中提炼出概念的本质，更多同学愿意相互合作、支持，大胆主动地表达自己的想法。情感的接受与认同是学生心脑合一地理解知识的重要标志，能够促使学生比对自身原有的知识，内化并形成新的个体知识结构。生生之间以平等的身份进行交流分享、合作互助，学生在倾听他人发言中启发了自己，在相互思辨中修正了自己，不同的学生在交流质疑中实现不同的思维进阶。不同作品相同点、不同点的对比，在具象与抽象、特殊与一般之间不断地完善、优化与建构用字母表示数的意义，有效促进认知结构的发展和完善。同时，教师引导学生对不同的表征进行对比与优化，对于儿童来说，也是必要的学习方法指导。教学是师生与生生之间以具体学科为依托展开的一场精神对话。显然，这样的对话是认知与情感的高度融合与契合。通过及时的反馈调节，自然构建较为完善的认知结构，由整体性走向结构化的教学活动改变了单一的知识传授，师生进行积极情感交流以实现师生心灵的共同成长，以发展心智的视角，探索实践认知与情感“双轮”驱动人的全面发展。

3. 自主创新中的意志力培养

学生在生活化学习情境中学习数学知识时，注意力就会变得更加集中，学习进度也会加快，从而加深对数学知识的记忆，提高创新创造能力。在自主探究“表示第一个红包数”之后，引导学生又一次经历了对“第二个红包数”的推理思考过程，生生之间相互合作，补充完善，台上台下互动，学生越来越走到学习的前面，这时教师便成为欣赏质疑的人，鼓掌激励的人。学生的学习兴趣更加强烈，思维碰撞也更加激烈，在相互摩擦、质疑辨析的过程中，达成共识用“x+5”来表示更好。从用字母表示未知数，拓展到用字母式表示数等等，教师在这里设计由浅入深、层层递进的问题环节，激发学生思考，生生之间相互鼓舞，相互启发，在逐步克服困难的过程中，创新创造不同的表示方法，逐步理解字母式既可以表示未知数也可以表示数量关系。显然，自主思考、交流质疑之后的学生形成了科学的学习态度、敢于质疑的精神以及坚强的意志力，让学生持续不断进行数学思考的学习品质得到有效提升。学生在情感和认知的碰撞与冲突、接纳与吸收过程中构建个体知识，并结合自己的生活经验及情感体验主动将其内化为自身的核心素养。

（三）打开窗户：循环实践应用与自我认知的素养提升

数学学习的过程是一种螺旋递进、循环上升的过程，学生获得了新知之后，要重新回到生活中去实践，在实践创造中进一步发展知识、认知与情感。科学的迁移应用、回顾反思促进元认知水平不断提升。结构化学习重视构建师生、生生动态主体结构，激发学生打开多扇窗户，想象预见未来的可能，启发创新创造的能力，打开思维的视野，变换思维的视角，培养对新问题持续学习的意志品质，不断实现核心素养落地生根。

1. 迁移应用中开放质疑

恰当的练习评价有助于推动学生联系已有的知识经验来解决复杂情境当中的问题，实现新知的迁移应用，打造开放质疑的课堂氛围。在循环应用的学习环节，以儿歌的形式出示三个结构化评价题“青蛙歌”“螃蟹歌”和“同学歌”，引导学生综合迁移应用，进阶思维品质，发展观察、比较、理解、应用、想象的综合能力，将独立思考与合作交流不断应用其中，改进学生学习方式，打开了学生思维，激发学生学习潜能。在解决“青蛙歌”的问题“（ ）只青蛙（ ）张嘴，（ ）只眼睛（ ）条腿”时，学生之间就产生了思维碰撞，有的同学没有考虑清楚腿数和青蛙个数之间的数量关系，有的同学则高效地回答可以用$2x$来表示。在反馈调节的过程中逐渐形成独立思考、反思质疑、合作交流的好习惯与好方法，发展了实事求是的科学态度和敢于质疑的理性精神。而“螃蟹歌”“同学歌”更能够打开学生思维，让学生思维不局限于两倍的数量关系，也不局限于个数和腿之间的关系，能够灵活运用字母表示数量关系。结构化的练习，有助于学生自觉将各要素联系起来以解决不同层次的问题，自然而然对用字母表示数相关知识经验进行提炼、精细、联系、丰富和拓展，感受用字母表示数丰富的内涵，体会用字母表示数在不同情境中的含义以及不同情境中用字母表示数含义的一致性，最终回归到用字母表示数的本质——含有字母的式子既可以表示关系，又可以表示结果。这里教师选用一种自然通透的教学方式，体现了数学与生活的关联性，让学生通过数学的眼光理解自然现象背后的数学原理，感悟数学的实用价值。学生回归到生活实践中对新知进行再认知，既增进了对新知的理解，又培养了创新意识，发展了学生的数学表达能力。

2. 融通融合中辨析理解

学生学习了新知之后，对于一些常见的认知困惑点还需要进行进一步的辨析与理解。“用字母表示数”属于数与代数领域，教师教学了“字母乘数（字母）”的简写规则后，学生对于$2x$和x^2理解是有困难的，大多数学生没有理解其中的道理。这时设置几道结构化辨析题：（1）$x\times 3$可以简写成$3x$。（2）$x+3$可以简写成$3x$。（3）$c\times c$可以简写成$2c$。（4）$c+c$可以简写成$2c$。学生在辨析对错时勇敢质疑争辩，在师生互动、生生互动交流的过程中加深对“$2c$”和“c^2”、甚至“$3x$”和“x^3”之间区别的理解。同时，为了促使学生深度理解，教师结合图形与几何领域的知识用边长为c的正方形和长度为c的线段图融合进来进一步理解字母式子的含义（如图4-6所示）。此环节设计进一步培养了符号意识，增强学生数学学习的自信心和勇于表达质疑的精神。

3. 自我反思中认知完善

教学中，教师引导孩子进行自我回顾与反思，是通过“例题”不同层面的育人要求，回来引导学生再认识去实现的。用字母表示数的数学史料作为学材，既能够将人类经历的“文辞代数阶段”“缩略代数阶段”和“符号代数阶段”关联呈现，又能够脱离现实情境的束缚感受不同代数阶段之间的关联。“丢番图是怎样用字母表示数的？”“韦达是怎样用字母表示数的？”“同样都是用字母表示数，我发现丢番图还早了1200多年，为什么偏说韦达是“代数学之父”呢？”层层递进的问题自然而然地完善了学生认知结构，并进一步增强了学生的数学理解。最后，教师设置开放性问题：“今天学习了用字母表示数，你有什么发现？还有什么问题？”抛出开放性的问题为学生打开了多扇窗户，激发学生问题再生，学生在自我反思的过程中完善认知结构，在开放想象的过程中激发积极的学习热情。在掌握数学基础知识和基本技能的同时，又进一步培养数学学习和终身发展所需的核心素养，形成正确的情感、态度和价值观。

这启示我们需要基于课程内容结构化，积极促进认知与情感发展相融合，在学习的整体过程中形成独立的个性、健全完整的人格以及持续学习的关键能力，从而培育具有文化精神、生命人格特征的人。

参考文献

[1] 布鲁纳.教育过程[M].北京:文化教育出版社，1982:28.

[2] 格兰特·威金斯，杰伊·麦克泰格.追求理解的教学设计[M].闫寒冰，宋雪莲，赖平，译.上海：华东师范大学出版社，2017:92-117.

[3] 皮亚杰.结构主义[M].北京:商务印书馆，1984:2.

[4] 沈兰，郑润洲.变革的见证：顾泠沅与青浦教学实验30年[M].上海教育出版社，2008:10.

[5] 吴玉国.小学数学结构化学习的实践研究[M].南京:江苏凤凰教育出版社，2021:40-49.

[6] 吴玉国，孙谦.小学数学结构化学习教学指导[M].南京:南京出版社，2023:84-91.

[7] 郭晓明，蒋红斌.论知识在教材中的存在方式[J]. 课程·教材·教法，2004，24(4):3-7.

[8] 胡晋宾，刘洪璐."学术常青树"郑毓信先生的学术成果简要评介[J].教育研究与评论，2021(4):109-112.

[9] 黄建伟.结构，让知识与思维更好地生长——以《用字母表示数》的教学为例[J].福建教育，2019(31):47-49.

[10] 黄伟星.从算术思维到代数思维的飞跃——"用字母表示数"的教学价值与教学策略[J].小学数学教育，2015(24):3-4+10.

[11] 贾春波.经历关键步骤理解关键意义——《用字母表示数》教学实践与反思[J].小学教学设计，2018(14):20-21.

[12] 孔建良.专业·专家·专题·专门——对"用字母表示数"意义与

理解水平的解读和实践[J].小学教学参考，2012(17):7-9.

[13] 李微珍. 把握时机 遵循原则——渗透符号化教学之我见[J]. 小学教学参考，2012(32):25-26.

[14] 刘爱东."用字母表示数"的历史演进及其数学价值[J].小学教学(数学版)，2017(12):52-54.

[15] 罗晶，朱永新.重新认识陶行知生活教育理论及其当代价值[J].课程·教材·教法，2022，42(12):80-86.

[16] 毛文波，吴玉国.结构化学习学情调研的框架与实践[J].教学与管理，2020(35):23-25.

[17] 毛文波，吴玉国.小学数学结构化学习:学程设计模型的建构与实践[J].中小学教师培训，2021(02):46-52.

[18] 穆传慧.站在看风景的绝佳处——听张齐华老师"用字母表示数"有感[J].小学教学(数学版)，2012(05):22.

[19] 彭燕伟.不同版本"用字母表示数"问题情境的比较[J].教学月刊小学版(数学)，2020(12):52-55.

[20] 沈强.抓住本质理解概念——《用字母表示数》教学实录与思考[J].小学教学设计，2020(11):40-41.

[21] 孙谦，吴玉国.小学数学结构化学习：整体意义关联的教学理解与设计[J].江苏教育研究，2020(25):53-58.

[22] 万兆荣.展示建模过程建立符号意识——关于"用字母表示数"的教学思考[J].教学与管理，2014(11):40-42.

[23] 王天桥.陶行知生活教育理论与实践的演进[J].兴义民族师范学院学报，2021(2):77-82.

[24] 吴存明.让"数学理解"更深刻——"用字母表示数"教学设计与反思[J].江西教育，2020(29):47-50.

[25] 吴玉国."五学"融通，整体建构——小学数学结构化学习的理解与实践[J].小学教学(数学版)，2020(12):13-15.

[26] 吴玉国.指向学习经验生长的结构化学习策略[J].江苏教育研究，2022(29):26-30.

[27] 吴玉国.基于“五学”的结构化学习教学指导[J].小学数学教师，2023(10):19-23+2.

[28] 席爱勇，吴玉国.学理分析:让结构化学习深度发生[J].中小学教师培训，2018(04):54-57.

[29] 席爱勇，吴玉国.基于结构化视角的单元整体设计路径[J].基础教育课程，2019(09):35-39.

[30] 夏维玮.在思维中学会思维——“用字母表示数”教学及思考[J].河北教育(教学版)，2017，55(Z2):72-73.

[31] 解书，马云鹏. 学科教学知识(PCK)的结构特征及发展路径分析——基于小学数学教师的案例研究[J]. 基础教育，2017，14(1):93-103.

[32] 许卫兵.整体建构简教深学——“用字母表示数”教学简介[J].小学教学(数学版)，2020(Z1):64-69.

[33] 张丽芝. 弗赖登塔尔伴我行[J]. 上海教育科研，2017(11):24-27.

[34] 张奠宙，方均斌. 研究吴文俊先生的数学教育思想[J]. 数学教育学报，2009，18(2):5-7.

[35] 赵岚，蔡宏圣.战略性新知识，意味着新的思维方式——“用字母表示数”的教学思考与实践[J].小学教学(数学版)，2020(Z1):70-73.

[36] 郑毓信.算术与代数的区别与联系[J].小学教学研究，2011(19):11-14.

[37] 杜晶晶.SOLO分类理论下小学“用字母表示数”单元教学设计研究[D].镇江:江苏大学，2021:30.

[38] 中华人民共和国教育部.义务教育数学课程标准：2022年版[S].北京:北京师范大学出版社，2022:4.

后　记

结构化学习：践行新时代“生活·实践”教育

陶行知曾说：“中国的根本问题在于乡村教育，改造乡村教育的根本举措是建设适合乡村实际生活的活教育，而活的乡村教育必须得有活的乡村教师。”

我生在乡村，长在乡村，学在乡村，教在乡村，亲眼所见乡村学校一直存在教师资源流失的问题，许多优秀的高校毕业生或因办学条件简陋，或因发展平台有限等问题离开乡村，寻求条件更为优越的城市学校发展。与此同时，乡村小学中有“四多”现象，即：因父母外出打工的留守儿童多；单亲家庭子女多；外来务工子女多；因智障体残的特需学生多。我深知，每个孩子都是父母的心头肉，每个孩子都是家庭的希望。因此，刚走上讲台的我便心中坚定这样的教育宣言——“做一名好老师，爱每一个孩子！”

那么，如何去做呢？我以为，课堂是关键！只有改变课堂，乡村教育才有希望。于是，二十多年来，我围绕课堂，不断实践与评优，不断反思与研究，对课堂有了一些体会，也取得了一些成绩。在我看来，医生的功夫在病床，教师的功夫在课堂。课堂是育人的主阵地，是思想的发祥地、生长地，教师要认真对待每一节课，上好每一节课。课，是教师最好的作品，是教师“天大的事”。我执教的课例，两次获得“一师一优课、一课一名师”教育部“优课”，三次获得江苏省小学数学优质课竞赛一等奖。2008年9月，我被评为“南京市优秀青年教师”。2016年9月，我被评为“南京市数学学科带头人”。2017年7月，我被聘为“江苏省小学数学乡村骨干教师培育站主持人”。2018年9月，溧水区教育局给我成立“溧水区吴存明小学数学名师工作室”。

一个人走得快，一群人走得远。如何带领“一群人”走快走远，让教师和学生过一种幸福的教育生活，成为我思考并实践的大课题。正当我“迷茫”时，2020年8月，我有幸遇到了南京市五老村小学吴玉国校长，并拜吴校长为师。师父不仅是江苏省特级教师、正高级教师，还是江苏省人民教育家培养工程培养对象、“苏教名家”培养工程指导专家、江苏省名校长工作室主持人。从教近四十年来，他最爱和孩子们在一起，最喜欢给孩子们上课，只要一有时间就“钻”进课堂，听老师们上课，自己给孩子和老师们上课。

三年多来，我跟随师父不断学习，不断实践，收获颇丰。我和师父讨论师生成长的途径，讨论数学学科的本质，讨论当前教学改革的潮流，师父告诉我说“结构”这个词似乎可以把这些关联起来，也似乎能把学科教学探索的未来之路照亮。面对目前小学数学课堂中大量存在碎片、零散、孤立的现状，师父提出了“结构化教学，整体性育人”的主张，可以带动每一位教师在生活中学会工作，在教育工作中融通生活，在教育实践中创生价值。于是，我们在课堂上开展动手操作、体验体悟、记忆认知等育人实践的科学探索，努力做出“陶行知教育”新时代学校教育的模范。

2022年4月，新一轮课程标准颁布实施，明确提出了“课程编制要基于核心素养培养要求，加强课程内容内在联系，突出课程内容结构化”。这与师父的教育主张不谋而合，这更加坚定了我们要将结构化教学实践继续进行到底的决心。近一年来，师父对结构化学习教学指导又有了进一步的认识。他认为：每一个学生都是具体的人，都是鲜活而独特的生命。教师应遵循知行合一、理论联系实际等原则，重视在生活中教育、用劳动去实践，努力探寻新时代“生活·实践”教育的原理与策略，运用生活经验与思维方式去连接教学、学习与教育的整个场域，引领学生经历具有整体意义的探索，让学生学会独立思考、合作探究与展示分享，提升学生在运用中综合解决复杂问题的素养以及在问题解决中的元认知水平，不断培养指向创造的可持续的学习能力。

2023年5月14日上午7:05，师父发来关于“结构化学习”研究最新PPT并附上短信：“存明，早上好！我们将做出小学数学节点课图来。你选一节课，做出一本书，一定会成长！……”于是，在师父的鼓励和指导下，我尝试基于“生活·实践”背景撰写了《用字母表示数》一书。本书以“用字母表示数”一课为例，剖析了结构化学习教学实施的过程，让大家能够更加清晰和深刻地理解结构化“五学”的理念，明晰具体的实践与操作过程。我相信，通过结构赋能课堂学习，可以“一课通，课课通”，不仅可以帮助学生，也能成就教师，让更多的师生幸福地生活实践。因为，成就是人们幸福感受的重要源头，也是继续前行的强大动力。

在这里，我要特别感谢师父吴玉国校长给本书框架设计提出了指导性的意见与建议，并全程跟踪、督促和指导。还要感谢我工作室的所有小伙伴们，在这本书的形成过程中积极参与和用心整理。特别是佳营小学的姜梦莹，状元坊小学的程娅，实验小学的夏光杰、李朝品、陶玲，和凤小学的季云，洪蓝小学的曹慧清、柳洋，在整理实践资料的过程中，放弃了大量的休息时间，付出了艰辛的努力。姜梦莹老师还在书稿的文献校对、文稿编排等方面做了许多的工作。本书得以顺利出版，还要感谢南京市教科所刘大伟所长、南京出版传媒集团朱天乐先生的关心和帮助。还要感谢区教育局和教师发展中心领导，学校领导、同事和学生们，以及家人们对我的支持和鼓励。以上，一并表示感谢！

最后，我想说，此书是我们在“生活·实践”背景下进行结构化学习研究的一次积极尝试。由于水平和精力有限，一定有许多不够科学甚至是错误的地方，需要进一步研究与实践。这些，都恳请专家与读者给予指导与指正。

谨以此书献给大家！

吴存明